大方廣佛華嚴經 讀誦

27

🪷 일러두기

1. 『독송본 한문·한글역 대방광불화엄경』은 실차난타가 한역(695~699)한 80권 『대방광불화엄경』의 한문 원문과 한글역을 함께 수록한 것이다. 한문에는 음사와 현토를 부기하였다.

2. 원문의 저본은 고종 2년(1865) 월정사에서 인경한 고려대장경 『대방광불화엄경』에 한암 스님이 현토(1949년)한 것을 범룡 스님이 영인 출판(1990년)한 『대방광불화엄경』이다.

3. 한문은 저본에서 누락되었거나 글자가 다르다고 판단된 부분은 저본인 고려대장경 각권의 말미에 교감되어 있는 내봉을 중심으로 하고 봉은사판 『내방광불화임경수소연의초』와 신수대장경 각주에서 밝힌 교감본을 참조하여 보입하고 수정하였다.

4. 한글 번역은 동국역경원에서 발간한 한글 『대방광불화엄경』(운허)을 중심으로 하고 『신화엄경합론』(탄허)과 『대방광불화엄경 강설』(여천무비) 그리고 최근의 여타 번역본 등을 참조하였다.

5. 저본의 원문에서 이체자의 경우 흔글이 제공하는 이체자는 그대로 살리고 흔글이 제공하지 않는 글자는 통용되는 정자로 바꾸었다. 예) 間 → 閒 / 焰 → 燄 / 宫 → 宮 / 偁 → 稱

6. 한글 번역은 독송과 사경을 위하여 정확성과 아울러 가독성을 고려하였다. 극존칭은 부처님과 불경계에 대해서만 사용하였다.

7. 독송본의 차례는 일러두기 → 본문 → 화엄경 목차 → 간행사의 순차이다.
   (법공양판에는 간행사 다음에 간행불사 동참자를 밝혀 두었다.)

8. 독송본의 한글역은 사경의 편의를 도모하기 위해 그 편집을 달리하여 『사경본 한글역 대방광불화엄경』으로 함께 간행한다. 독송본과 사경본 모두 80권 『대방광불화엄경』의 권별 목차 순으로 간행한다.

독송본 한문·한글역

대방광불화엄경 제27권
大方廣佛華嚴經 卷第二十七

25. 십회향품 [5]
十廻向品 第二十五之五

실차난타 한역
수미해주 한글역

27

大方廣佛華嚴經第二十七卷變相

대방광불화엄경 제27권 변상도

대방광불화엄경

제 27 권

25. 십회향품 [5]

대방광불화엄경 권제이십칠
大方廣佛華嚴經 卷第二十七

십회향품 제이십오지오
十迴向品 第二十五之五

불자 보살마하살 보시걸자연부정계
佛子야 菩薩摩訶薩이 布施乞者連膚頂髻호대

여보계왕보살 승묘신보살 급여무량제
如寶髻王菩薩과 勝妙身菩薩과 及餘無量諸

보살등
菩薩等하니라

보살 시시 견걸자래 심생환희 이어
菩薩이 是時에 見乞者來하고 心生歡喜하야 而語

대방광불화엄경 제27권

25. 십회향품 [5]

"불자들이여, 보살마하살이 구걸하는 자에게 살갗에 닿아 있는 정수리의 상투를 보시하기를, 보계왕 보살과 승묘신 보살과 그리고 다른 한량없는 모든 보살들같이 한다.

보살이 그때에 구걸하는 자가 오는 것을 보고 마음에 환희함을 내어 말하기를 '그대가 지

지언　　여금약수연부정계　　가취아취
之言호대 汝今若須連膚頂髻인댄 可就我取하라

아차정계　염부제중　최위제일
我此頂髻가 閻浮提中에 最爲第一이라하니라

작시어시　심무동란　　불념여업　　사리
作是語時에 心無動亂하야 不念餘業하며 捨離

세간　　지구적정　　구경청정　　정근질
世間하고 志求寂靜하야 究竟淸淨하며 精勤質

직　　향일체지　　변집이도　　할기두상
直하야 向一切智하고 便執利刀하야 割其頭上에

연부정계　　우슬착지　　합십지장　　일심
連膚頂髻하야 右膝著地하고 合十指掌하야 一心

시여
施與하니라

정념삼세일체제불보살소행　　발대환희
正念三世一切諸佛菩薩所行하야 發大歡喜

금 만약 살갗에 닿아 있는 정수리의 상투를 구하면 나에게 와서 가져가라. 나의 이 정수리의 상투는 염부제에서 가장 제일이다.'라고 한다.

이 말을 할 때에 마음이 흔들리거나 어지럽지 아니하며, 다른 업을 생각하지 아니하며, 세간을 버리고 여의어 뜻에 적정을 구하며, 구경에 청정하며, 정근하고 순박하고 올곧아 일체지를 향하며, 문득 날카로운 칼을 잡고 그 머리 위 살갗에 닿아 있는 정수리의 상투를 베어서 오른 무릎을 땅에 대고 합장하며 일심으로 보시한다.

삼세 일체 모든 부처님과 보살들이 행하신

증상지락   어제법중   의선개해   불취
增上志樂하며 於諸法中에 意善開解하야 不取

어고   요지고수   무상무생   제수호기
於苦하야 了知苦受가 無相無生하며 諸受互起에

무유상주
無有常住라

시고   아응동거래금일체보살   수행대사
是故로 我應同去來今一切菩薩의 修行大捨하야

발심신락   구일체지   무유퇴전   불유
發深信樂하야 求一切智하야 無有退轉이요 不由

타교선지식력
他敎善知識力이니라

보살마하살   작시시시   이제선근   여시
菩薩摩訶薩이 作是施時에 以諸善根으로 如是

회향
迴向하나니라

것을 바르게 생각하고 크게 환희함을 내어 즐거워하는 생각이 더하며, 모든 법 가운데서 뜻을 잘 깨달아 괴로움을 취하지 않으며, 괴로운 느낌이 모양도 없고 생겨남도 없으며, 모든 느낌이 번갈아 일어나고 항상 머무르지 아니함을 분명히 안다.

그러므로 나도 마땅히 과거와 미래와 현재의 일체 보살같이 크게 버리는 일을 닦아 행하여 깊이 믿고 즐겨함을 내어, 일체지를 구하여 퇴전하지 않으며, 다른 이의 가르침을 말미암지 않고 잘 아는 힘으로 한다.

보살마하살이 이 보시를 할 때에 모든 선근

소위 원 일체 중생   득무견정   성취보살 여
所謂願一切衆生이 得無見頂하야 成就菩薩如

탑 지 계
塔之髻하니라

원 일체 중생   득 감청발   금강발   세연발
願一切衆生이 得紺靑髮과 金剛髮과 細輭髮하야

능멸중생   일체번뇌
能滅衆生의 一切煩惱하니라

원 일체 중생   득 윤택발   밀치발   불침빈액
願一切衆生이 得潤澤髮과 密緻髮과 不侵鬢額

발
髮하니라

원 일체 중생   득 유연발   진 어 빈 액 이 생
願一切衆生이 得柔輭髮과 盡於鬢額而生

발
髮하니라

으로 이와 같이 회향한다.

이른바 일체 중생이 볼 수 없는 정수리를 얻어서 보살의 탑과 같은 상투를 성취하기를 원한다.

일체 중생이 검푸른 머리털과 금강의 머리털과 가늘고 부드러운 머리털을 얻어서 능히 중생들의 일체 번뇌를 소멸하기를 원한다.

일체 중생이 윤택한 머리털과 빽빽한 머리털과 귀밑과 이마를 침범하지 않는 머리털을 얻기를 원한다.

일체 중생이 유연한 머리털과 귀밑과 이마를 다하여 나는 머리털을 얻기를 원한다.

원일체중생 득여만자발 나문우선발
願一切衆生이 得如卍字髮과 螺文右旋髮하니라

원일체중생 득불상발 영리일체번뇌결
願一切衆生이 得佛相髮하야 永離一切煩惱結

습
習하니라

원일체중생 득광명발 기광 보조시방
願一切衆生이 得光明髮하야 其光이 普照十方

세계
世界하니라

원일체중생 득무난발 여여래발 정묘
願一切衆生이 得無亂髮하야 如如來髮의 淨妙

무잡
無雜하니라

원일체중생 득성응공정탑지발 영기견
願一切衆生이 得成應供頂塔之髮하야 令其見

일체 중생이 만(卍)자와 같은 머리털과 소라 무늬의 오른쪽으로 도는 머리털을 얻기를 원한다.

일체 중생이 부처님 모습의 머리털을 얻어서 일체 번뇌의 습기를 영원히 여의기를 원한다.

일체 중생이 광명의 머리털을 얻어서 그 빛이 시방세계를 널리 비추기를 원한다.

일체 중생이 헝클어지지 않는 머리털을 얻어서 여래의 두발과 같이 깨끗하고 미묘하여 잡됨이 없기를 원한다.

일체 중생이 공양을 받는 정상의 탑과 같은 머리털을 이루어 그것을 보는 자로 하여금 부

자　여견불발
者로 如見佛髮하나라

원일체중생　개득여래무염착발　　영리일
願一切衆生이 皆得如來無染著髮하야 永離一

체암예진구
切闇瞖塵垢나라

시위보살마하살　시연부계시　선근회향
是爲菩薩摩訶薩의 施連膚髻時에 善根迴向이니

위령중생　　기심적정　　개득원만제다라
爲令衆生으로 其心寂靜하야 皆得圓滿諸陀羅

니　구경여래　일체종지　십종력고
尼하야 究竟如來의 一切種智와 十種力故나라

불자　보살마하살　이안　보시제래걸
佛子야 菩薩摩訶薩이 以眼으로 布施諸來乞

처님 두발을 보는 것 같게 하기를 원한다.

일체 중생이 다 여래의 물들지 않는 머리털을 얻어서 일체 어두움으로 가려진 번뇌를 영원히 여의기를 원한다.

이것이 보살마하살이 살갗에 닿아 있는 상투를 보시할 때에 선근으로 회향하는 것이니, 중생들로 하여금 그 마음이 적정하며 모든 다라니를 원만히 하여 구경에 여래의 일체종지와 열 가지 힘을 모두 얻게 하기 위한 까닭이다.

불자들이여, 보살마하살이 눈을 모든 구걸하러 오는 자들에게 보시하기를, 환희행 보살

자
者<small>호대</small> 如歡喜行菩薩<small>과</small> 月光王菩薩<small>과</small> 及餘無

량 제보살등 소행혜시
量諸菩薩等<small>의</small> 所行惠施<small>하니라</small>

보살마하살 보시안시 기청정시안심
菩薩摩訶薩<small>이</small> 布施眼時<small>에</small> 起淸淨施眼心<small>하며</small>

기청정지안심 기의지법광명심 기현
起淸淨智眼心<small>하며</small> 起依止法光明心<small>하며</small> 起現

관무상불도심
觀無上佛道心<small>하니라</small>

발회향광대지혜심 발여삼세보살평등사
發迴向廣大智慧心<small>하며</small> 發與三世菩薩平等捨

시심 발어무애안 기불괴정신심 어기
施心<small>하며</small> 發於無礙眼<small>에</small> 起不壞淨信心<small>과</small> 於其

걸자 기환희섭수심
乞者<small>에</small> 起歡喜攝受心<small>하나니라</small>

과 월광왕 보살과 그리고 다른 한량없는 모든 보살들이 보시를 행한 것과 같이 한다.

보살마하살이 눈을 보시할 때에 보시하는 눈을 청정히 하는 마음을 일으키며, 지혜의 눈을 청정히 하는 마음을 일으키며, 법의 광명에 의지하는 마음을 일으키며, 위없는 부처님의 도를 환하게 보는 마음을 일으킨다.

광대한 지혜에 회향하는 마음을 내며 삼세의 보살들과 더불어 평등하게 보시하는 마음을 내며 걸림 없는 눈을 내는데 깨끗한 신심을 깨뜨리지 않는 마음을 일으키며, 그 구걸하는 자에게 기쁘게 섭수하는 마음을 일으킨다.

위구경일체신통고　위생불안고　위증광
爲究竟一切神通故며 爲生佛眼故며 爲增廣

대보리심고　위수습대자비고　위제복육
大菩提心故며 爲修習大慈悲故며 爲制伏六

근고　어여시법　이생기심
根故로 於如是法에 而生其心이니라

불자　보살마하살　보시안시　어기걸자
佛子야 菩薩摩訶薩이 布施眼時에 於其乞者에

심생애락　위설시회　증장법력　사리
心生愛樂하야 爲設施會호대 增長法力하야 捨離

세간애견방일　제단욕박　수습보리
世間愛見放逸하며 除斷欲縛하고 修習菩提하며

수피소구　심안부동　불위기의　개령
隨彼所求하야 心安不動하며 不違其意하야 皆令

만족　이상수순무이사행　이차선근
滿足하야 而常隨順無二捨行하고 以此善根으로

일체 신통을 끝까지 얻기 위한 까닭이며, 부처님 눈을 내기 위한 까닭이며, 넓고 큰 보리심을 증장하기 위한 까닭이며, 큰 자비를 닦아 익히기 위한 까닭이며, 육근을 제어하여 조복하기 위한 까닭으로 이와 같은 법에 그 마음을 낸다.

불자들이여, 보살마하살이 눈을 보시할 때에 그 구걸하는 자에게 좋아하는 마음을 내고, 보시하는 모임을 시설하되 법력을 증장하며, 세간의 애착하는 소견과 방일을 버리고 여의어 욕망의 속박을 끊어 없애며, 보리를 닦아 익혀서 그들의 구하는 바를 따르되 마음이 편

여시회향
如是迴向하나니라

소위원일체중생　득최승안　　시도일체
所謂願一切衆生이 得最勝眼하야 示導一切하니라

원일체중생　득무애안　　개광지장
願一切衆生이 得無礙眼하야 開廣智藏하니라

원일체중생　득정육안　광명감철　　무
願一切衆生이 得淨肉眼하야 光明鑒徹하야 無

능폐자
能蔽者하니라

원일체중생　득정천안　실견중생　생사
願一切衆生이 得淨天眼하야 悉見衆生의 生死

업과
業果하니라

원일체중생　득정법안　능수순입여래경
願一切衆生이 得淨法眼하야 能隨順入如來境

안하여 흔들리지 아니하며, 그 뜻을 거스르지

아니하여 다 만족하게 하되 둘이 없는 버리는

행을 항상 따른다.

이 선근으로 이와 같이 회향한다.

이른바 일체 중생이 가장 수승한 눈을 얻어

서 일체를 보여 인도하기를 원한다.

일체 중생이 걸림 없는 눈을 얻어서 넓은 지

혜의 창고를 열기를 원한다.

일체 중생이 청정한 육안을 얻어서 광명으로

밝게 비치는 것을 능히 가릴 자가 없기를 원한

다.

일체 중생이 청정한 천안을 얻어서 중생들의

계
界하니라

원 일 체 중 생　　득 지 혜 안　　　사 리 일 체 분 별 취
願一切衆生이 **得智慧眼**하야 **捨離一切分別取**

착
著하니라

원 일 체 중 생　　구 족 불 안　　　실 능 각 오 일 체 제
願一切衆生이 **具足佛眼**하야 **悉能覺悟一切諸**

법
法하니라

원 일 체 중 생　　성 취 보 안　　　진 제 경 계　　　무
願一切衆生이 **成就普眼**하야 **盡諸境界**하야 **無**

소 장 애
所障礙하니라

원 일 체 중 생　　성 취 청 정 이 치 예 안　　　요 중 생
願一切衆生이 **成就清淨離癡瞖眼**하야 **了衆生**

나고 죽는 업과 과보를 다 보기를 원한다.

일체 중생이 청정한 법안을 얻어서 여래의 경계에 능히 수순하여 들어가기를 원한다.

일체 중생이 지혜안을 얻어서 일체 분별과 집착을 버리고 여의기를 원한다.

일체 중생이 불안을 구족하여 일체 모든 법을 모두 능히 깨닫기를 원한다.

일체 중생이 보안을 성취하여 모든 경계가 다하여도 장애하는 바가 없기를 원한다.

일체 중생이 청정하고 어리석음의 가림을 여윈 눈을 성취하여 중생계가 공하여 없음을 알기를 원한다.

계　공무소유
界가 空無所有하니라

원일체중생　구족청정무장애안　개득구
願一切衆生이 具足淸淨無障礙眼하야 皆得究

경여래십력
竟如來十力이니라

시위보살마하살　보시안시　선근회향
是爲菩薩摩訶薩의 布施眼時에 善根迴向이니

위령중생　득일체지청정안고
爲令衆生으로 得一切智淸淨眼故니라

불자　보살마하살　능이이비　시제걸자
佛子야 菩薩摩訶薩이 能以耳鼻로 施諸乞者호대

여승행왕보살　무원승보살　급여무량제
如勝行王菩薩과 無怨勝菩薩과 及餘無量諸

일체 중생이 청정하고 장애 없는 눈을 구족하여 모두 구경에 여래의 십력을 얻기를 원한다.

이것이 보살마하살이 눈을 보시할 때에 선근으로 회향하는 것이니, 중생들로 하여금 일체 지혜의 청정한 눈을 얻게 하기 위한 까닭이다.

불자들이여, 보살마하살이 능히 귀와 코를 모든 구걸하는 자들에게 보시하기를, 승행왕 보살과 무원승 보살과 그리고 다른 한량없는 모든 보살들같이 한다.

보살등
菩薩等하니라

보시지시　　친부걸자　　전심수습제보살
布施之時에　親附乞者하야　專心修習諸菩薩

행　　구불종성　　생여래가　　염제보살
行하며　具佛種性하야　生如來家하며　念諸菩薩의

소수시행
所修施行하니라

상근발기제불보리　　청정제근공덕지혜
常勤發起諸佛菩提하며　淸淨諸根功德智慧로

관찰삼유　무일견고　　원상득견제불보
觀察三有가　無一堅固하며　願常得見諸佛菩

살　　수순억념일체불법　　지신허망　　공
薩하야　隨順憶念一切佛法하며　知身虛妄이라　空

무소유　　무소탐석
無所有하야　無所貪惜이니라

보시할 때에 구걸하는 자에게 친근하여 오롯한 마음으로 모든 보살들의 행을 닦아 익히며, 부처님의 종성을 갖추어 여래가에 태어나며, 모든 보살들이 닦은 바 보시행을 생각한다.

항상 모든 부처님의 보리를 부지런히 일으키며, 청정한 모든 근의 공덕과 지혜로 삼유가 하나도 견고함이 없음을 관찰하며, 모든 부처님과 보살들을 항상 친견하기를 원하며, 일체 불법을 수순하여 기억하며, 몸은 허망하고 공하여 없음을 알아서 탐하거나 아끼는 바가 없다.

보살　　여시시이비시　　심상적정　　조복제
菩薩이 如是施耳鼻時에 心常寂靜하고 調伏諸

근　　　면제중생　　험악제난　　생장일체지
根하야 免濟衆生의 險惡諸難하며 生長一切智

혜공덕　　입대시해　　요달법의　　구수제
慧功德하야 入大施海하며 了達法義하야 具修諸

도　　의지혜행　　득법자재　　이불견신
道하며 依智慧行하야 得法自在하며 以不堅身으로

역견고신
易堅固身이니라

불자　　보살마하살　　보시이시　　이제선근
佛子야 菩薩摩訶薩이 布施耳時에 以諸善根으로

여시회향
如是迴向하나니라

소위원일체중생　　득무애이　　보문일체설
所謂願一切衆生이 得無礙耳하야 普聞一切說

보살이 이와 같이 귀와 코를 보시할 때에 마음이 항상 적정하여 모든 근을 조복하며, 중생들을 험악한 모든 어려움에서 힘써 건지며, 일체 지혜와 공덕을 생장하여 큰 보시의 바다에 들어가며, 법과 이치를 밝게 통달하여 모든 도를 갖추어 닦으며, 지혜의 행을 의지하여 법에 자재함을 얻으며, 견고하지 못한 몸으로써 견고한 몸과 바꾼다.

불자들이여, 보살마하살이 귀를 보시할 때에 모든 선근으로 이와 같이 회향한다.

이른바 일체 중생이 걸림이 없는 귀를 얻어 일체 설법하는 소리를 널리 듣기를 원하며, 일

법지음　　원일체중생　　득무장이　　실능
法之音하며　願一切衆生이　得無障耳하야　悉能

해료일체음성
解了一切音聲하니라

원일체중생　　득여래이　　일체총달　　무
願一切衆生이　得如來耳하야　一切聰達하야　無

소옹체　　　원일체중생　　득청정이　　불인
所壅滯하며　願一切衆生이　得淸淨耳하야　不因

이처　　　생분별심
耳處하야　生分別心하니라

원일체중생　　득무롱외이　　영몽매식
願一切衆生이　得無聾聵耳하야　令蒙昧識으로

필경불생　　원일체중생　　득변법계이
畢竟不生하며　願一切衆生이　得徧法界耳하야

실지일체제불법음
悉知一切諸佛法音하니라

체 중생이 막힘이 없는 귀를 얻어 모두 능히 일체 음성을 잘 알기를 원한다.

일체 중생이 여래의 귀를 얻어 일체를 밝게 통달하여 막히는 것이 없기를 원하며, 일체 중생이 청정한 귀를 얻어 이처를 인하여 분별하는 마음을 내지 않기를 원한다.

일체 중생이 어둡지 않은 귀를 얻어 몽매한 식이 필경에 생기지 않게 하기를 원하며, 일체 중생이 법계에 두루하는 귀를 얻어 일체 모든 부처님의 법음을 다 알기를 원한다.

일체 중생이 걸림이 없는 귀를 얻어 일체 장애가 없는 법을 깨닫기를 원하며, 일체 중생이

원일체중생　　득무애이　　개오일체무장애
願一切衆生이 得無礙耳하야 開悟一切無障礙

법　　원일체중생　　득무괴이　　선지제론
法하며 願一切衆生이 得無壞耳하야 善知諸論하야

무능괴자
無能壞者하니라

원일체중생　　득보문이　　광대청정　　　위
願一切衆生이 得普聞耳하야 廣大淸淨하야 爲

제이왕　　원일체중생　　구족천이　　급이불
諸耳王하며 願一切衆生이 具足天耳와 及以佛

이
耳니라

시위보살마하살　　보시이시　　선근회향
是爲菩薩摩訶薩의 布施耳時에 善根迴向이니

위령중생　　개실획득청정이고
爲令衆生으로 皆悉獲得淸淨耳故니라

무너뜨릴 수 없는 귀를 얻어 모든 논리를 잘 알아 능히 무너뜨릴 자가 없기를 원한다.

일체 중생이 널리 듣는 귀를 얻어 광대하고 청정하여 모든 귀의 왕이 되기를 원하며, 일체 중생이 하늘의 귀와 부처님의 귀를 구족하기를 원한다.

이것이 보살마하살이 귀를 보시할 때에 선근으로 회향하는 것이니, 중생들로 하여금 모두 다 청정한 귀를 얻게 하기 위한 까닭이다.

불자들이여, 보살마하살이 코를 보시할 때에 이와 같이 회향한다.

이른바 일체 중생이 높고 곧은 코를 얻으며,

불자　　보살마하살　　보시비시　　여시회
佛子야 菩薩摩訶薩이 布施鼻時에 如是迴

향
向하나니라

소위원일체중생　　득융직비　　　득수호비
所謂願一切衆生이 得隆直鼻하고 得隨好鼻하고

득선상비　　　득가애락비　　　득정묘비　　　득
得善相鼻하고 得可愛樂鼻하고 得淨妙鼻하고 得

수순비　　　득고현비　　　득복원비　　　득선견
隨順鼻하고 得高顯鼻하고 得伏怨鼻하고 得善見

비　　　득여래비
鼻하고 得如來鼻하나라

원일체중생　　득이에노면　　　득일체법면
願一切衆生이 得離恚怒面하고 得一切法面하고

득무장애면　　　득선견면　　　득수순면　　　득
得無障礙面하고 得善見面하고 得隨順面하고 得

잘 생긴 코를 얻으며, 좋은 모양의 코를 얻으며, 사랑스러운 코를 얻으며, 깨끗하고 묘한 코를 얻으며, 수순하는 코를 얻으며, 높이 솟은 코를 얻으며, 원수를 굴복시키는 코를 얻으며, 보기 좋은 코를 얻으며, 여래의 코를 얻기를 원한다.

일체 중생이 성내어 분노함을 여읜 얼굴을 얻으며, 일체 법의 얼굴을 얻으며, 장애 없는 얼굴을 얻으며, 보기 좋은 얼굴을 얻으며, 수순하는 얼굴을 얻으며, 청정한 얼굴을 얻으며, 허물을 여읜 얼굴을 얻으며, 여래의 원만한 얼굴을 얻으며, 일체 처에 두루하는 얼굴을 얻으

청정면　　득이과실면　　득여래원만면
清淨面하고　得離過失面하고　得如來圓滿面하고

득변일체처면　　득무량미호면
得徧一切處面하고　得無量美好面이니라

시위보살마하살　　보시비시　　선근회향
是爲菩薩摩訶薩의　布施鼻時에　善根迴向이니

위령중생　　구경득입제불법고　　위령중
爲令衆生으로　究竟得入諸佛法故며　爲令衆

생　　구경섭수제불법고　　위령중생　　구
生으로　究竟攝受諸佛法故며　爲令衆生으로　究

경요지제불법고
竟了知諸佛法故니라

위령중생　　구경주지제불법고　　위령중
爲令衆生으로　究竟住持諸佛法故며　爲令衆

생　　구경상견제여래고　　위령중생　　개
生으로　究竟常見諸如來故며　爲令衆生으로　皆

며, 한량없이 아름다운 얼굴을 얻기를 원한다.

이것이 보살마하살이 코를 보시할 때에 선근으로 회향하는 것이다.

중생들로 하여금 구경에 모든 불법에 들어가게 하기 위한 까닭이며, 중생들로 하여금 구경에 모든 불법을 섭수케 하기 위한 까닭이며, 중생들로 하여금 구경에 모든 불법을 분명히 알게 하기 위한 까닭이다.

중생들로 하여금 구경에 모든 불법에 머물러 유지케 하기 위한 까닭이며, 중생들로 하여금 구경에 모든 여래를 항상 친견하게 하기 위한 까닭이며, 중생들로 하여금 부처님 법문을 모

실 증 득 불 법 문 고
悉證得佛法門故니라

위 령 중 생　　구 경 성 취 무 능 괴 심 고　위 령 중
爲令衆生으로 究竟成就無能壞心故며 爲令衆

생　　개 능 조 료 제 불 정 법 고　　위 령 중 생
生으로 皆能照了諸佛正法故며 爲令衆生으로

보 실 엄 정 제 불 국 토 고　　위 령 중 생　　개 득 여
普悉嚴淨諸佛國土故며 爲令衆生으로 皆得如

래 대 위 력 신 고
來大威力身故니라

시 위 보 살 마 하 살　시 이 비 시 선 근 회 향
是爲菩薩摩訶薩의 施耳鼻時善根迴向이니라

불 자　보 살 마 하 살　안 주 견 고 자 재 지 중
佛子야 菩薩摩訶薩이 安住堅固自在地中하야

두 다 증득하게 하기 위한 까닭이다.

중생들로 하여금 구경에 깨뜨릴 수 없는 마음을 성취케 하기 위한 까닭이며, 중생들로 하여금 다 능히 모든 부처님의 바른 법을 비추어 알게 하기 위한 까닭이며, 중생들로 하여금 모든 부처님 국토를 널리 다 깨끗이 장엄하게 하기 위한 까닭이며, 중생들로 하여금 모두 여래의 큰 위신력의 몸을 얻게 하기 위한 까닭이다.

이것이 보살마하살이 귀와 코를 보시할 때에 선근으로 회향하는 것이다.

불자들이여, 보살마하살이 견고하고 자재한

능이아치　시제중생　유여왕석화치왕
能以牙齒로 施諸衆生호대 猶如往昔華齒王

보살　육아상왕보살　급여무량제보살
菩薩과 六牙象王菩薩과 及餘無量諸菩薩

등
等하니라

보살마하살　시아치시　기심청정　희유
菩薩摩訶薩이 施牙齒時에 其心淸淨하야 希有

난득　여우담화
難得이 如優曇華니라

소위무진심시　대신심시　보보성취무량
所謂無盡心施와 大信心施와 步步成就無量

사심시　조복제근심시
捨心施와 調伏諸根心施니라

일체실사심시　일체지원심시　안락중생
一切悉捨心施와 一切智願心施와 安樂衆生

지위에 편안히 머물러 치아를 모든 중생들에게 능히 보시하기를, 마치 지난 옛적의 화치왕 보살과 육아상왕 보살과 그리고 다른 한량없는 모든 보살들같이 한다.

보살마하살이 치아를 보시할 때에 그 마음이 청정하고 희유하여 만나기 어려움이 우담화와 같다.

이른바 다함없는 마음으로 보시하며 큰 신심으로 보시하며 걸음걸음 성취하는 한량없이 버리는 마음으로 보시하며 모든 근을 조복하는 마음으로 보시한다.

일체를 다 버리는 마음으로 보시하며 일체지

심시
心施니라

대시　　극시　　승시　　최승시　　철신요용
大施와　極施와　勝施와　最勝施와　輟身要用호대

무소혐한심시
無所嫌恨心施라

보살　　이시　　이제선근　　여시회향
菩薩이　爾時에　以諸善根으로　如是迴向하나니라

소위원일체중생　　득섬백아치　　　성최승
所謂願一切衆生이　得銛白牙齒하야　成最勝

탑　　수천인공
塔하야　受天人供하나라

원일체중생　　득제평아치　　여불상호
願一切衆生이　得齊平牙齒하야　如佛相好하야

무유소결
無有踈缺하나라

를 원하는 마음으로 보시하며 중생을 안락케

하는 마음으로 보시한다.

크게 보시하며 지극히 보시하며 수승하게 보

시하며 가장 수승하게 보시하며 몸에 필요한

것을 내놓으면서도 싫어하거나 한탄하는 바가

없는 마음으로 보시한다.

보살이 이때에 모든 선근으로 이와 같이 회

향한다.

이른바 일체 중생이 예리하고 흰 치아를 얻

어 가장 수승한 탑을 이루어 천상과 인간의

공양을 받기를 원한다.

일체 중생이 가지런한 치아를 얻어 부처님의

원 일 체 중 생　 득 조 복 심　　 선 취 보 살 바 라 밀
願一切衆生이 得調伏心하야 善趣菩薩波羅蜜

행
行하니라

원 일 체 중 생　 구 선 청 정　　 아 치 선 백　　 분
願一切衆生이 口善淸淨하고 牙齒鮮白하야 分

명 현 현
明顯現하니라

원 일 체 중 생　 득 가 억 념 장 엄 아 치　　 기 구 청
願一切衆生이 得可憶念莊嚴牙齒하야 其口淸

정　　 무 가 악 상
淨하야 無可惡相하니라

원 일 체 중 생　 아 치 성 취　　 구 만 사 십　　 상
願一切衆生이 牙齒成就호대 具滿四十하야 常

출 종 종 희 유 묘 향
出種種希有妙香하니라

상호와 같이 성글거나 결함이 없기를 원한다.

일체 중생이 조복하는 마음을 얻어 보살의 바라밀행에 잘 나아가기를 원한다.

일체 중생이 입이 매우 청정하고 치아가 희고 깨끗하여 분명하게 나타나기를 원한다.

일체 중생이 기억할 수 있는 장엄한 치아를 얻어 그 입이 청정하여 나쁜 모양이 없기를 원한다.

일체 중생이 치아를 성취하되 마흔 개를 원만히 갖추고 항상 갖가지 희유하고 미묘한 향기가 나기를 원한다.

일체 중생이 뜻을 잘 조복하고 치아가 곱고

원 일 체 중 생　의 선 조 복　　아 치 선 결　여 백
願一切衆生이 意善調伏하야 牙齒鮮潔이 如白

련 화　　문 리 회 선　　만 자 성 취
蓮華하고 文理迴旋하야 卐字成就하니라

원 일 체 중 생　구 순 선 정　　아 치 결 백　　방
願一切衆生이 口脣鮮淨하고 牙齒潔白하야 放

무 량 광　　주 변 조 요
無量光하야 周徧照耀하니라

원 일 체 중 생　아 치 견 리　　식 무 완 립　　무
願一切衆生이 牙齒堅利하야 食無完粒호대 無

소 미 착　　위 상 복 전
所味著하야 爲上福田하니라

원 일 체 중 생　어 아 치 간　상 방 광 명　　수 제
願一切衆生이 於牙齒間에 常放光明하야 授諸

보 살 제 일 기 별
菩薩第一記別이니라

청결하여 흰 연꽃과 같으며 무늬가 돌아서 만
(卍)자를 성취하기를 원한다.

일체 중생이 입술이 곱고 청정하고 치아가
희고 깨끗하여 한량없는 광명을 놓아 두루두
루 밝게 비치어 빛나기를 원한다.

일체 중생이 치아가 견고하고 예리하여 먹을
적에 온전한 알갱이가 없되 맛에 집착하는 바
도 없어서 상품의 복전이 되기를 원한다.

일체 중생이 치아 사이에서 항상 광명을 놓
아서 모든 보살들의 제일 수기를 받기를 원한
다.

이것이 보살마하살이 치아를 보시할 때에 선

시위보살마하살　시아치시　선근회향
是爲菩薩摩訶薩의 施牙齒時에 善根迴向이니

위령중생　　구일체지　　어제법중　　지혜
爲令衆生으로 具一切智하야 於諸法中에 智慧

청정고
淸淨故니라

불자　보살마하살　약유인래　　종걸설
佛子야 菩薩摩訶薩이 若有人來하야 從乞舌

시　어걸자소　이자비심　연어애어
時어든 於乞者所에 以慈悲心으로 軟語愛語호대

유여왕석단정면왕보살　불퇴전보살　급
猶如往昔端正面王菩薩과 不退轉菩薩과 及

여무량제보살등
餘無量諸菩薩等하나니라

근으로 회향하는 것이니, 중생들로 하여금 일체지를 갖추어 모든 법 가운데 지혜가 청정케 하기 위한 까닭이다.

불자들이여, 보살마하살이 만약 어떤 사람이 와서 혀를 구걸하면 구걸하는 자의 처소에 자비한 마음으로 부드럽게 말하고 사랑스럽게 말하기를, 마치 지난 옛적 단정면왕 보살과 불퇴전 보살과 그리고 다른 한량없는 모든 보살들같이 한다.

불자들이여, 보살마하살이 모든 갈래에서 태어났을 때에 한량없는 백천억 나유타 중생들

불자 　 보살마하살 　 어제취중 　 이수생시
佛子야 菩薩摩訶薩이 於諸趣中에 而受生時에

유무량백천억나유타중생 　 이래걸설
有無量百千億那由他衆生이 而來乞舌이라도

보살 　 이시 　 안치기인 　 재사자좌 　 이무
菩薩이 爾時에 安置其人하야 在師子座하고 以無

에심 　 무해심 　 무한심 　 대위덕심 　 종불종
恚心과 無害心과 無恨心과 大威德心과 從佛種

성소생심 　 주어보살소주심 　 상불탁란심
性所生心과 住於菩薩所住心과 常不濁亂心과

주대세력심 　 어신무착심 　 어어무착심
住大勢力心과 於身無著心과 於語無著心으로

양슬착지 　 개구출설 　 이시걸자 　 자심
兩膝著地하고 開口出舌하야 以示乞者하고 慈心

연어 　 이고지언 　 아금차신 　 보개속여
輭語로 而告之言호대 我今此身이 普皆屬汝니

이 와서 혀를 구걸함이 있으면, 보살이 이때
그 사람을 편안하게 하여 사자좌에 앉게 하고
성냄이 없는 마음과 해침이 없는 마음과 한탄
하지 않는 마음과 큰 위덕이 있는 마음과 부
처님의 종성에서 나오는 마음과 보살의 머무
르는 데 머무르는 마음과 항상 흐리거나 어지
럽지 않은 마음과 큰 세력에 머무르는 마음과
몸에 집착이 없는 마음과 말에 집착이 없는
마음으로, 두 무릎을 땅에 꿇고 입을 벌리고
혀를 내어 구걸하는 자에게 보이면서 자애로
운 마음과 부드러운 말로 말한다.

 '나의 지금 이 몸은 널리 모두 그대에게 속한

가취아설 　 수의소용 　 영여소원 　 개득
可取我舌하야 隨意所用하야 令汝所願으로 皆得

만족
滿足이라하니라

보살 　 이시 　 이제선근 　 여시회향
菩薩이 爾時에 以諸善根으로 如是迴向하나니라

소위원일체중생 　 득주보설 　 실능선시제
所謂願一切衆生이 得周普舌하야 悉能宣示諸

어언법 　 원일체중생 　 득부면설 　 소언
語言法하며 願一切衆生이 得覆面舌하야 所言

무이 　 개실진실
無二하야 皆悉眞實하나라

원일체중생 　 득보부일체불국토설 　 시현
願一切衆生이 得普覆一切佛國土舌하야 示現

제불자재신통 　 원일체중생 　 득연박설
諸佛自在神通하며 願一切衆生이 得輭薄舌하야

것이니 내 혀를 가져다가 뜻대로 써서 그대의 소원을 다 만족케 하라.'고 한다.

보살이 이때에 모든 선근으로 이와 같이 회향한다.

이른바 일체 중생이 두루 넓은 혀를 얻어 모든 언어의 법을 다 능히 펴 보이기를 원하며, 일체 중생이 얼굴을 덮는 혀를 얻어서 말하는 바가 둘이 없어 모두 다 진실하기를 원한다.

일체 중생이 일체 부처님 국토를 널리 덮는 혀를 얻어 모든 부처님의 자재한 신통을 나타내 보이기를 원하며, 일체 중생이 부드럽고 얇은 혀를 얻어 미묘하고 청정한 최상의 맛을 항

항수미묘청정상미
恒受美妙淸淨上味하나니라

원일체중생 득변재설 능단일체세간의
願一切衆生이 得辯才舌하야 能斷一切世間疑

망 원일체중생 득광명설 능방무수
網하며 願一切衆生이 得光明舌하야 能放無數

만억광명
萬億光明하나니라

원일체중생 득결정설 변설제법 무
願一切衆生이 得決定舌하야 辯說諸法호대 無

유궁진
有窮盡하나니라

원일체중생 득보조복설 선능개시일체
願一切衆生이 得普調伏舌하야 善能開示一切

비요 소유언설 개령신수
祕要하야 所有言說을 皆令信受하나니라

상 느끼기를 원한다.

일체 중생이 변재의 혀를 얻어 능히 일체 세간의 의심그물을 끊기를 원하며, 일체 중생이 광명의 혀를 얻어 수없는 만억 광명을 능히 놓기를 원한다.

일체 중생이 결정한 혀를 얻어 모든 법을 분별하여 설하되 끝까지 다함없기를 원한다.

일체 중생이 널리 조복하는 혀를 얻어 잘 능히 일체 비밀하고 요긴함을 열어 보여 있는 바 언설을 모두 믿어 받게 하기를 원한다.

일체 중생이 널리 통달하는 혀를 얻어 일체 언어의 큰 바다에 잘 들어가기를 원한다.

원일체중생　　득보통달설　　선입일체어언
願一切衆生이　得普通達舌하야　善入一切語言

대해
大海하나라

원일체중생　　득선설일체제법문설　　어언
願一切衆生이　得善說一切諸法門舌하야　於言

어지　실도피안
語智에　悉到彼岸이니라

시위보살마하살　보시설시　선근회향
是爲菩薩摩訶薩의　布施舌時에　善根迴向이니

위령중생　　개득원만무애지고
爲令衆生으로　皆得圓滿無礙智故니라

불자　보살마하살　이두보시제래걸자
佛子야　菩薩摩訶薩이　以頭布施諸來乞者호대

일체 중생이 일체 모든 법문을 잘 설하는 혀를 얻어 언어의 지혜에서 모두 피안에 이르기를 원한다.

이것이 보살마하살이 혀를 보시할 때에 선근으로 회향하는 것이니, 중생들로 하여금 모두 원만하고 걸림 없는 지혜를 얻게 하기 위한 까닭이다.

불자들이여, 보살마하살이 머리를 모든 구걸하러 오는 자들에게 보시하기를, 마치 최승지보살과 그리고 대장부인 가시국왕 등 모든 큰 보살들이 행한 보시와 같이 한다.

여최승지보살　　급대장부가시국왕등제대
如最勝智菩薩과 **及大丈夫迦尸國王等諸大**

보살　소행보시
菩薩의 **所行布施**하니라

위욕성취입일체법최승지수　　위욕성취증
爲欲成就入一切法最勝智首하며 **爲欲成就證**

대보리　　구중생수　　위욕구족견일체법
大菩提하야 **救衆生首**하며 **爲欲具足見一切法**

최제일수
最第一首하니라

위득정견청정지수　　위욕성취무장애수
爲得正見淸淨智首하며 **爲欲成就無障礙首**하며

위욕증득제일지수
爲欲證得第一地首하니라

위구세간최승지수　　욕성삼계무능견정정
爲求世間最勝智首하며 **欲成三界無能見頂淨**

일체 법에 들어가는 가장 수승한 지혜의 머리를 성취하려는 것이며, 대보리를 증득하여 중생을 구호하는 머리를 성취하려는 것이며, 일체 법을 보는 가장 제일인 머리를 구족하려는 것이다.

바른 소견과 청정한 지혜의 머리를 얻으려는 것이며, 장애 없는 머리를 성취하려는 것이며, 제일 지위의 머리를 증득하려는 것이다.

세간의 가장 수승한 지혜의 머리를 구하기 위함이며, 삼계에서 정수리를 볼 수 없는 청정한 지혜의 머리를 이루려는 것이다.

시방에 널리 이르름을 나타내 보이는 지혜왕

지혜수
智慧首하니라

위득시현보도시방지혜왕수 　 위욕만족일
爲得示現普到十方智慧王首하며 爲欲滿足一

체제법무능파괴자재지수
切諸法無能破壞自在之首니라

불자　보살마하살　안주시법　정근수
佛子야 菩薩摩訶薩이 安住是法하야 精勤修

습　즉위이입제불종성　학불행시　어
習하면 則爲已入諸佛種性하며 學佛行施하야 於

제불소　생청정신　증장선근
諸佛所에 生淸淨信하야 增長善根하니라

영제걸자　개득희족　기심청정　경열
令諸乞者로 皆得喜足하고 其心淸淨하야 慶悅

무량　심정신해　조명불법　발보리의
無量하며 心淨信解하야 照明佛法하며 發菩提意하야

의 머리를 얻기 위함이며, 일체 모든 법으로 파괴할 수 없는 자재한 머리를 만족하려는 것이다.

불자들이여, 보살마하살이 이 법에 편안히 머물러 부지런히 닦아 익히면, 곧 모든 부처님의 종성에 이미 들어가서 부처님께서 행하신 보시를 배우고, 모든 부처님 처소에서 청정한 신심을 내어 선근을 증장한다.

모든 구걸하는 자들로 하여금 다 기쁘고 만족함을 얻게 하여 그 마음이 청정하고 기쁨이 한량없으며, 마음이 청정하고 믿고 이해하여 불법을 밝게 비추며, 보리의 뜻을 내고 보시하는 마음에 편안히 머무른다.

안주사심
安住捨心하니라

제근열예　　공덕증장　　생선락욕　　상호
諸根悅豫하야 功德增長하며 生善樂欲하야 常好

수행광대시행
修行廣大施行이니라

보살　　이시　　이제선근　　여시회향
菩薩이 爾時에 以諸善根으로 如是迴向하나니라

소위원일체중생　　득여래두　　득무견정
所謂願一切衆生이 得如來頭하고 得無見頂하야

어일체처　　무능영폐　　어제불찰　　최위
於一切處에 無能映蔽하며 於諸佛刹에 最爲

상수　　기발우선　　광정윤택　　만자엄
上首하며 其髮右旋하야 光淨潤澤하고 卍字嚴

식　　세소희유　　구족불수　　성취지수
飾하야 世所希有라 具足佛首하며 成就智首하며

모든 근이 기쁘고 즐거워 공덕이 증장하며, 착한 욕락을 내어 항상 광대하게 보시하는 행을 닦아 행하기를 좋아한다.

보살이 이때에 모든 선근으로 이와 같이 회향한다.

이른바 '원컨대 일체 중생이 여래의 머리를 얻어서 볼 수 없는 정수리를 얻으며 일체 처에서 덮어 가릴 수 없으며, 모든 부처님 세계에서 가장 상수가 되며, 그 머리털은 오른쪽으로 돌고 빛은 깨끗하고 윤택하며, 만(卍)자로 장엄하게 꾸며 세상에서 희유한 바이며, 부처님의 머리를 구족하고 지혜의 머리를 성취하

일체세간　　최제일수　　위구족수　　　위청정
一切世間에 最第一首며 爲具足首하며 爲淸淨

수　　위좌도량원만지수
首하며 爲坐道場圓滿智首니라

시위보살마하살　　보시두시　　선근회향
是爲菩薩摩訶薩의 布施頭時에 善根迴向이니

위령중생　　　득최승법　　성어무상대지혜
爲令衆生으로 得最勝法하야 成於無上大智慧

고
故니라

불자　　보살마하살　　이기수족　　　시제중
佛子야 菩薩摩訶薩이 以其手足으로 施諸衆

생　　여상정진보살　　무우왕보살　　급여무
生호대 如常精進菩薩과 無憂王菩薩과 及餘無

여 일체 세간에서 가장 제일가는 머리이며, 구족한 머리가 되며, 청정한 머리가 되며, 도량에 앉아서 원만한 지혜의 머리가 되어지이다.'라고 한다.

이것이 보살마하살이 머리를 보시할 때에 선근으로 회향하는 것이니, 중생들로 하여금 가장 수승한 법을 얻어서 위없는 큰 지혜를 이루게 하기 위한 까닭이다.

불자들이여, 보살마하살이 그 손과 발을 모든 중생들에게 보시하기를, 마치 상정진 보살과 무우왕 보살과 그리고 다른 한량없는 모든

량제보살등
量諸菩薩等하나라

어 제 취 중 종 종 생 처　　보 시 수 족　　이 신 위
於諸趣中種種生處에 布施手足호대 以信爲

수　　기 요 익 행　　왕 반 주 선　　근 수 정 법
手하야 起饒益行하야 往返周旋에 勤修正法하며

원 득 보 수　　이 수 위 시　　소 행 불 공　　구 보
願得寶手하야 以手爲施에 所行不空하야 具菩

살 도　　상 서 기 수　　의 장 광 혜　　안 보 유 행
薩道하며 常舒其手하야 擬將廣惠하야 安步遊行에

용 맹 무 겁　　이 정 신 력　　구 정 진 행　　제 멸
勇猛無怯하며 以淨信力으로 具精進行하야 除滅

악 도　　성 취 보 리
惡道하고 成就菩提하나니라

불 자　　보 살 마 하 살　　여 시 시 시　　이 무 량 무 변
佛子야 菩薩摩訶薩이 如是施時에 以無量無邊

보살들같이 한다.

모든 갈래 가운데 갖가지로 태어나는 곳에서 손과 발을 보시한다. 믿음으로 손이 되어 요익행을 일으키고, 가거나 돌아오거나 두루 돌아다님에 부지런히 바른 법을 닦으며, 보배 손을 얻어 손으로써 보시하고, 가는 곳마다 헛되지 아니하여 보살도를 갖추며, 항상 그 손을 펴서 장차 널리 은혜를 베풀려 하고, 편안한 걸음으로 유행하되 용맹하여 겁이 없으며, 깨끗한 믿음의 힘으로 정진하는 행을 갖추어 나쁜 갈래를 멸하여 없애고 보리를 성취하기를 원한다.

불자들이여, 보살마하살이 이와 같이 보시할

광대지심　　개정법문　　입제불해　　성취
廣大之心으로 開淨法門하야 入諸佛海하야 成就

시수　　주급시방
施手하야 周給十方하니라

원력임지일체지도　　주어구경이구지심
願力任持一切智道하야 住於究竟離垢之心하며

법신지신　　무단무괴　　일체마업　　불능경
法身智身이 無斷無壞하야 一切魔業이 不能傾

동　　의선지식　　견고기심　　동제보살
動하며 依善知識하야 堅固其心하야 同諸菩薩의

수행시도
修行施度니라

불자　　보살마하살　　위제중생　　구일체
佛子야 菩薩摩訶薩이 爲諸衆生하야 求一切

지　　시수족시　　이제선근　　여시회향
智하야 施手足時에 以諸善根으로 如是廻向하나니라

때에 한량없고 가없는 광대한 마음으로 청정한 법문을 열고 모든 부처님 바다에 들어가서 보시하는 손을 성취하여 시방에 두루 나누어 준다.

원력으로 일체 지혜의 도를 마음대로 지니어 구경에 때를 여읜 마음에 머무르며, 법신과 지혜의 몸이 끊어짐도 없고 무너짐도 없어서 일체 마군의 업으로 흔들 수 없으며, 선지식을 의지하여 그 마음이 견고하고 모든 보살들이 보시바라밀을 수행한 것과 같다.

불자들이여, 보살마하살이 모든 중생들을 위하여 일체지를 구하여 손과 발을 보시할 때에 모든 선근으로 이와 같이 회향한다.

소위원일체중생　구신통력　　개득보수
所謂願一切衆生이　具神通力하야　皆得寶手하고

득보수이　　　각상존경　　생복전상　　　이
得寶手已하야는　各相尊敬하야　生福田想하야　以

종종보　　갱상공양
種種寶로　更相供養하니라

우이중보　　공양제불　　홍묘보운　　변제
又以衆寶로　供養諸佛호대　興妙寶雲하야　徧諸

불토　　영제중생　　호기자심　　불상뇌
佛土하며　令諸衆生으로　互起慈心하야　不相惱

해　　유제불찰　　안주무외　　자연구족구
害하며　遊諸佛刹에　安住無畏하야　自然具足究

경신통
竟神通하니라

우령개득보수　　화수　　향수　　의수　　개수
又令皆得寶手와　華手와　香手와　衣手와　蓋手와

이른바 '원컨대 일체 중생이 신통력을 갖추어 모두 보배 손을 얻고, 보배 손을 얻고서는 각각 서로 존경하여 복전이라는 생각을 내어 갖가지 보배로 다시 서로 공양하여지이다.

또 온갖 보배로 모든 부처님께 공양올리고, 미묘한 보배구름을 일으켜 모든 부처님 국토에 두루하며, 모든 중생들로 하여금 서로 인자한 마음을 일으켜 서로 괴롭히고 해치지 않게 하며, 모든 부처님 세계에 노닐되 편안히 머물러 두려움이 없어서 자연히 구경의 신통을 구족하여지이다.

또 모두 보배 손과 꽃 손과 향 손과 옷 손과

화만수　　말향수　　장엄구수　　무변수　　무량
華鬘手와　**末香手**와　**莊嚴具手**와　**無邊手**와　**無量**

수　　보수　　　득시수이　　이신통력　　　상근
手와　**普手**하며　**得是手已**에　**以神通力**으로　**常勤**

왕예일체불토　　　능이일수　　변마일체제불
往詣一切佛土하야　**能以一手**로　**徧摩一切諸佛**

세계　　　이자재수　　지제중생　　　득묘상
世界하며　**以自在手**로　**持諸衆生**하며　**得妙相**

수　　　방무량광　　　능이일수　　보부중생
手하야　**放無量光**하며　**能以一手**로　**普覆衆生**하야

성어여래　　수지망만　　적동조상
成於如來의　**手指網縵**과　**赤銅爪相**이니라

보살　　이시　　이대원수　　보부중생　　　원일
菩薩이　**爾時**에　**以大願手**로　**普覆衆生**하야　**願一**

체중생　　지상락구무상보리　　　출생일체공
切衆生이　**志常樂求無上菩提**하야　**出生一切功**

일산 손과 화만 손과 가루향 손과 장엄거리 손과 가없는 손과 한량없는 손과 넓은 손을 얻게 하며, 이러한 손을 얻고는 신통력으로 항상 부지런히 일체 부처님 국토에 나아가 능히 한 손으로 일체 모든 부처님 세계를 두루 만지며, 자재한 손으로 모든 중생들을 보호하며, 미묘한 모양의 손을 얻어 한량없는 광명을 놓으며, 능히 한 손으로 널리 중생들을 덮으며, 여래의 손가락 사이의 그물막과 붉은 구릿빛 손톱 모양을 이루게 하여지이다.' 라고 한다.

보살이 그때에 대원의 손으로써 중생들을 널리 덮으며 원하기를 '일체 중생이 뜻에 위없는

덕대해　　견래걸자　　환희무염　　입불법
德大海하며 見來乞者하고 歡喜無厭하며 入佛法

해　　동불선근
海하야 同佛善根이니라

시위보살마하살　시수족시　선근회향
是爲菩薩摩訶薩의 施手足時에 善根迴向이니라

불자　　보살마하살　　괴신출혈　　보시중
佛子야 菩薩摩訶薩이 壞身出血하야 布施衆

생　　여법업보살　　선의왕보살　급여무량
生호대 如法業菩薩과 善意王菩薩과 及餘無量

제보살등
諸菩薩等하니라

어제취중시신혈시　기성취일체지심　　기
於諸趣中施身血時에 起成就一切智心하며 起

보리를 항상 즐겨 구하여 일체 공덕의 큰 바다를 출생하여지이다.'라고 하며, 구걸하는 자가 오는 것을 보면 환희하여 싫어함이 없으며, 부처님 법의 바다에 들어가 부처님 선근과 같게 한다.

이것이 보살마하살이 손과 발을 보시할 때에 선근으로 회향하는 것이다.

불자들이여, 보살마하살이 몸을 헐어 피를 내어서 중생들에게 보시하기를, 법업 보살과 선의왕 보살과 그리고 다른 한량없는 모든 보살들같이 한다.

흔앙대보리심　　기락수보살행심
欣仰大菩提心하며 起樂修菩薩行心하나라

기불취고수심　　기락견걸자심　　기불혐
起不取苦受心하며 起樂見乞者心하며 起不嫌

래걸심
來乞心하나라

기취향일체보살도심　　기수호일체보살사
起趣向一切菩薩道心하며 起守護一切菩薩捨

심　　기증광보살선시심　　기불퇴전심과
心하며 起增廣菩薩善施心하며 起不退轉心과

불휴식심　무연기심
不休息心과 無戀己心하나라

이제선근　　여시회향
以諸善根으로 如是迴向하나니라

소위원일체중생　개득성취법신지신　　원
所謂願一切衆生이 皆得成就法身智身하며 願

모든 갈래 가운데서 몸의 피를 보시할 때에 일체지를 성취하는 마음을 일으키며, 큰 보리를 기뻐하여 우러르는 마음을 일으키며, 보살행을 닦기를 즐겨하는 마음을 일으킨다.

괴로운 느낌을 가지지 않는 마음을 일으키며, 구걸하는 자 보기를 즐겨하는 마음을 일으키며, 와서 구걸하는 이를 싫어하지 않는 마음을 일으킨다.

일체 보살의 도에 나아가는 마음을 일으키며, 일체 보살의 보시하는 것을 수호하는 마음을 일으키며, 보살의 잘 보시하는 것을 넓히는 마음을 일으키며, 퇴전하지 않는 마음과

일체중생　득무로권신　유여금강
一切衆生이 得無勞倦身하야 猶如金剛하니라

원일체중생　득불가괴신　무능상해
願一切衆生이 得不可壞身하야 無能傷害하며

원일체중생　득여변화신　보현세간
願一切衆生이 得如變化身하야 普現世間하야

무유진극
無有盡極하니라

원일체중생　득가애락신　정묘견고
願一切衆生이 得可愛樂身하야 淨妙堅固하며

원일체중생　득법계생신　동어여래
願一切衆生이 得法界生身하야 同於如來하야

무소의지
無所依止하니라

원일체중생　득여묘보광명지신　일체세
願一切衆生이 得如妙寶光明之身하야 一切世

쉬지 않는 마음과 자기에게 연연하지 않는 마음을 일으킨다.

모든 선근으로 이와 같이 회향한다.

이른바 '일체 중생이 모두 법신과 지혜의 몸을 성취하기를 원하며, 일체 중생이 고달픔이 없는 몸을 얻어서 마치 금강과 같기를 원한다.

일체 중생이 파괴할 수 없는 몸을 얻어서 상해할 수 없기를 원하며, 일체 중생이 변화와 같은 몸을 얻어서 세간에 널리 나타나되 다함이 없기를 원한다.

일체 중생이 사랑스러운 몸을 얻어서 깨끗하고 미묘하고 견고하기를 원하며, 일체 중생이

인 무능영폐　　원일체중생　　득지장신
人이 無能映蔽하며 願一切衆生이 得智藏身하야

어불사계　　이득자재
於不死界에 而得自在하니라

원일체중생　　득보해신　　　견개획익　　　무
願一切衆生이 得寶海身하야 見皆獲益하야 無

공과자　　　원일체중생　　득허공신　　　세간
空過者하며 願一切衆生이 得虛空身하야 世間

뇌환　무능염착
惱患이 無能染著이니라

시위보살마하살　　시신혈시　　이대승심
是爲菩薩摩訶薩의 施身血時에 以大乘心과

청정심　　광대심　　흔열심　　경행심　　환희
清淨心과 廣大心과 欣悅心과 慶幸心과 歡喜

심　　증상심　　안락심　　무탁심　　선근회
心과 增上心과 安樂心과 無濁心으로 善根迴

법계에 나는 몸을 얻어서 여래와 같아서 의지할 데가 없기를 원한다.

일체 중생이 미묘한 보배의 광명과 같은 몸을 얻어서 일체 세상 사람들이 능히 덮어 가릴 수 없기를 원하며, 일체 중생이 지혜창고의 몸을 얻어서 죽지 않는 세계에서 자재함 얻기를 원한다.

일체 중생이 보배바다의 몸을 얻어서 보는 이가 모두 이익을 얻어서 헛되이 지나가는 자가 없기를 원하며, 일체 중생이 허공의 몸을 얻어서 세간의 괴로움과 근심이 물들일 수 없기를 원한다.

이것이 보살마하살이 몸의 피를 보시할 때에

향
向이니라

불자   보살마하살   견유걸구기신수육   환
佛子야 菩薩摩訶薩이 見有乞求其身髓肉에 歡

희돈어   위걸자언   아신수육   수의취
喜頓語로 謂乞者言호대 我身髓肉을 隨意取

용   여요익보살   일체시왕보살   급여
用하라하고 如饒益菩薩과 一切施王菩薩과 及餘

무량제보살등
無量諸菩薩等하니라

어제취중종종생처   이기수육   시걸자
於諸趣中種種生處에 以其髓肉으로 施乞者

시   환희광대   시심증장   동제보살
時에 歡喜廣大하야 施心增長하며 同諸菩薩하야

대승의 마음과 청정한 마음과 광대한 마음과 기쁜 마음과 경사스럽고 다행한 마음과 환희한 마음과 더욱 늘어가는 마음과 안락한 마음과 흐리지 않은 마음으로써 선근으로 회향하는 것이다.

불자들이여, 보살마하살이 그 몸의 골수와 살을 구걸하여 구함이 있음을 보고 환희하여 부드러운 언어로 구걸하는 자에게 말하기를 '내 몸의 골수와 살을 뜻 따라 가져가서 쓰라.'고 하여 요익 보살과 일체시왕 보살과 그리고 다른 한량없는 모든 보살들같이 한다.

수습선근
修習善根하나라

이세진구　　득심지락　　이신보시　　심무
離世塵垢하야 得深志樂하며 以身普施호대 心無

유진　　구족무량광대선근　　섭수일체묘
有盡하며 具足無量廣大善根하며 攝受一切妙

공덕보　　여보살법　　수행무염
功德寶하며 如菩薩法하야 受行無厭하나라

심상애락보시공덕　　일체주급　　심무유
心常愛樂布施功德하야 一切周給호대 心無有

회　　심관제법　　종연무체　　불탐시업
悔하며 審觀諸法이 從緣無體하야 不貪施業과

급업과보　　수소회우　　평등시여
及業果報하고 隨所會遇하야 平等施與니라

불자　　보살마하살　　여시시시　　일체제
佛子야 菩薩摩訶薩이 如是施時에 一切諸

모든 갈래 중에 갖가지로 태어나는 곳에서 그 골수와 살을 구걸하는 자에게 보시할 때에, 환희함이 넓고 커서 보시하는 마음이 증장하여 모든 보살들같이 선근을 닦아 익힌다.

세간의 티끌과 때를 여의고 깊이 마음에 즐거움을 얻으며, 몸으로 널리 보시하되 마음이 다함이 없으며, 한량없이 광대한 선근을 구족하며, 일체 미묘한 공덕보배를 섭수하여 보살의 법과 같이 받아 행하되 싫어함이 없다.

마음이 보시하는 공덕을 항상 좋아하여 일체를 두루 주되 마음에 후회함이 없으며, 모든 법이 연을 따라 자체가 없음을 자세히 살피

불　개실현전　　상지여부　　득호념고
佛이 皆悉現前이니 想之如父하야 得護念故며

일체중생　개실현전　　보령안주청정법
一切衆生이 皆悉現前이니 普令安住淸淨法

고
故니라

일체세계　개실현전　　엄정일체불국토고
一切世界가 皆悉現前이니 嚴淨一切佛國土故며

일체중생　개실현전　　이대비심　　보구
一切衆生이 皆悉現前이니 以大悲心으로 普救

호고
護故니라

일체불도　개실현전　　낙관여래십종력고
一切佛道가 皆悉現前이니 樂觀如來十種力故며

거래현재일체보살　　개실현전　　동공원만
去來現在一切菩薩이 皆悉現前이니 同共圓滿

고, 보시하는 업과 업의 과보를 탐하지 아니하며, 만나는 바를 따라 평등하게 베풀어 준다.

불자들이여, 보살마하살이 이와 같이 보시할 때에 일체 모든 부처님께서 모두 다 앞에 나타나시니 아버지와 같이 생각하여 호념함을 얻는 까닭이며, 일체 중생이 모두 다 앞에 나타나니 널리 청정한 법에 편안히 머무르게 하는 까닭이다.

일체 세계가 모두 다 앞에 나타나니 일체 부처님의 국토를 청정하게 장엄하는 까닭이며, 일체 중생이 모두 다 앞에 나타나니 대비심으로 널리 구호하는 까닭이다.

제선근고
諸善根故니라

일체무외　　개실현전　　능작최상사자후고
一切無畏가 **皆悉現前**이니 **能作最上師子吼故**며

일체삼세　　개실현전　　득평등지　　　보관
一切三世가 **皆悉現前**이니 **得平等智**하야 **普觀**

찰고
察故니라

일체세간　　개실현전　　발광대원　　　진미
一切世間이 **皆悉現前**이니 **發廣大願**하야 **盡未**

래겁　　　수보리고　　일체보살무피염행　　개
來劫토록 **修菩提故**며 **一切菩薩無疲厭行**이 **皆**

실현전　　발무수량광대심고
悉現前이니 **發無數量廣大心故**니라

불자　　보살마하살　　시수육시　　이차선근
佛子야 **菩薩摩訶薩**이 **施髓肉時**에 **以此善根**으로

일체 부처님의 도가 모두 다 앞에 나타나니 여래의 열 가지 힘을 즐거이 보는 까닭이며, 과거와 미래와 현재의 일체 보살이 모두 다 앞에 나타나니 모든 선근을 함께 원만히 하는 까닭이다.

일체 두려움 없음이 모두 다 앞에 나타나니 능히 최상의 사자후를 하는 까닭이며, 일체 삼세가 모두 다 앞에 나타나니 평등한 지혜를 얻어 널리 관찰하는 까닭이다.

일체 세간이 모두 다 앞에 나타나니 광대한 서원을 내어 미래겁이 다하도록 보리를 닦는 까닭이며, 일체 보살의 피로해하거나 싫어함이

여시 회향
如是迴向하나니라

소위원일체중생　득금강신　　불가저괴
所謂願一切衆生이 得金剛身하야 不可沮壞하며

원일체중생　득견밀신　　항무결감
願一切衆生이 得堅密身하야 恒無缺減하니라

원일체중생　득의생신　유여불신　장엄
願一切衆生이 得意生身하야 猶如佛身의 莊嚴

청정　원일체중생　득백복상신　삼십이
淸淨하며 願一切衆生이 得百福相身하야 三十二

상　이자장엄
相으로 而自莊嚴하니라

원일체중생　득팔십종호묘장엄신　구족
願一切衆生이 得八十種好妙莊嚴身하야 具足

십력　불가단괴　원일체중생　득여래
十力하야 不可斷壞하며 願一切衆生이 得如來

없는 행이 모두 다 앞에 나타나니 헤아릴 수 없이 광대한 마음을 내는 까닭이다.

불자들이여, 보살마하살이 골수와 살을 보시할 때에 이 선근으로 이와 같이 회향한다.

이른바 일체 중생이 금강의 몸을 얻어서 부술 수 없기를 원하며, 일체 중생이 견고하고 치밀한 몸을 얻어서 항상 이지러짐이 없기를 원한다.

일체 중생이 뜻대로 태어나는 몸을 얻어서 마치 부처님 몸처럼 장엄이 청정하기를 원하며, 일체 중생이 백 가지 복상의 몸을 얻어서 삼십이상으로 스스로 장엄되기를 원한다.

일체 중생이 팔십종호의 미묘하게 장엄한 몸을

신
身하야 究竟淸淨하야 不可限量하니라
구경청정 불가한량

원일체중생 득견고신 일체마원 소불
願一切衆生이 得堅固身하야 一切魔怨의 所不

능괴 원일체중생 득일상신 여삼세불
能壞며 願一切衆生이 得一相身하야 與三世佛로

동일신상
同一身相하니라

원일체중생 득무애신 이정법신 변
願一切衆生이 得無礙身하야 以淨法身으로 徧

허공계 원일체중생 득보리장신 보
虛空界하며 願一切衆生이 得菩提藏身하야 普

능용납일체세간
能容納一切世間이니라

시위보살마하살 구일체지 시수육시
是爲菩薩摩訶薩의 求一切智하야 施髓肉時에

얻어서 십력을 구족하여 끊어지거나 무너질 수 없기를 원하며, 일체 중생이 여래의 몸을 얻어서 구경에 청정하여 한량할 수 없기를 원한다.

일체 중생이 견고한 몸을 얻어서 일체 마군들이 파괴할 수 없기를 원하며, 일체 중생이 한 모양인 몸을 얻어서 삼세의 부처님과 더불어 몸의 모습이 동일하기를 원한다.

일체 중생이 걸림 없는 몸을 얻어서 청정한 법신이 허공계에 두루하기를 원하며, 일체 중생이 보리장의 몸을 얻어서 일체 세계를 널리 능히 용납하기를 원한다.

이것이 보살마하살이 일체지를 구하여 골수와

선근회향　　위령중생　　개득여래구경청
善根迴向이니 爲令衆生으로 皆得如來究竟清

정무량신고
淨無量身故니라

불자　　보살마하살　　이심보시제래걸자
佛子야 菩薩摩訶薩이 以心布施諸來乞者호대

여무회염보살　　무애왕보살　　급여무량제
如無悔厭菩薩과 無礙王菩薩과 及餘無量諸

대보살
大菩薩하니라

이기자심　　시걸자시　　학자재시심　　수일
以其自心으로 施乞者時에 學自在施心과 修一

체시심　　습행단바라밀심　　성취단바라밀
切施心과 習行檀波羅蜜心과 成就檀波羅蜜

살을 보시할 때에 선근으로 회향하는 것이니,
중생들로 하여금 모두 여래의 끝까지 청정하고
한량없는 몸을 얻게 하기 위한 까닭이다.

　불자들이여, 보살마하살이 심장을 모든 구걸
하러 오는 자들에게 보시하기를, 무회염 보살
과 무애왕 보살과 그리고 다른 한량없는 모든
보살들같이 한다.

　자기의 심장을 구걸하는 자에게 보시할 때에
자재하게 보시함을 배우는 마음과, 일체를 보
시함을 닦는 마음과, 보시바라밀을 익혀 행하
는 마음과, 보시바라밀을 성취하는 마음과,

심　학일체보살보시심
心과 學一切菩薩布施心이니라

일체실사무진심　일체실시관습심　하부
一切悉捨無盡心과 一切悉施慣習心과 荷負

일체보살시행심　정념일체제불현전심
一切菩薩施行心과 正念一切諸佛現前心과

공양일체제래걸자무단절심
供養一切諸來乞者無斷絶心이니라

보살마하살　여시시시　기심청정　위도
菩薩摩訶薩이 如是施時에 其心淸淨하야 爲度

일체제중생고　위득십력보리처고　위의
一切諸衆生故며 爲得十力菩提處故며 爲依

대원이수행고
大願而修行故니라

위욕안주보살도고　위욕성취일체지고
爲欲安住菩薩道故며 爲欲成就一切智故며

일체 보살의 보시를 배우는 마음으로 한다.

일체를 모두 버리는 다함이 없는 마음과, 일체를 다 보시하는 습관의 마음과, 일체 보살의 보시하던 행을 짊어지는 마음과, 일체 모든 부처님께서 앞에 나타나심을 바르게 생각하는 마음과, 일체 모든 와서 구걸하는 자들에게 공양하되 끊어짐이 없는 마음으로 한다.

보살마하살이 이와 같이 보시할 때에 그 마음이 청정하니 일체 모든 중생들을 제도하기 위한 까닭이며, 십력의 보리처를 얻기 위한 까닭이며, 대원을 의지하여 수행하기 위한 까닭이다.

보살의 도에 편안히 머무르기 위한 까닭이며,

위불사리본서원고
爲不捨離本誓願故니라

이제선근　여시회향
以諸善根으로 如是迴向하나니라

소위원일체중생　득금강장심　일체금강
所謂願一切衆生이 得金剛藏心하야 一切金剛

위산등　소불능괴
圍山等의 所不能壞니라

원일체중생　득만상장엄금강계심　득무
願一切衆生이 得卍相莊嚴金剛界心하며 得無

능동요심　득불가공포심
能動搖心하며 得不可恐怖心하나니라

득이익세간상무진심　득대용맹당지혜장
得利益世間常無盡心하며 得大勇猛幢智慧藏

심　득여나라연견고당심
心하며 得如那羅延堅固幢心하나니라

일체 지혜를 성취하기 위한 까닭이며, 본래의 서원을 버리고 여의지 않기 위한 까닭이다.

모든 선근으로 이와 같이 회향한다.

이른바 '원컨대 일체 중생이 금강장의 마음을 얻어 일체 금강위산 등이 깨뜨릴 수 없어지이다.'라고 한다.

'원컨대 일체 중생이 만(卐)자 모양으로 장엄한 금강계의 마음을 얻으며, 동요할 수 없는 마음을 얻으며, 두렵게 할 수 없는 마음을 얻어지이다.

세상을 이익하게 함에 항상 다함없는 마음을 얻으며, 크게 용맹한 깃대 같은 지혜장의

득여중생해불가진심　　득나라연장무능
得如衆生海不可盡心하며 得那羅延藏無能

괴심　　득멸제마업마군중심　　득무소외
壞心하며 得滅諸魔業魔軍衆心하며 得無所畏

심
心하나라

득대위덕심　　득상정진심　　득대용맹
得大威德心하며 得常精進心하며 得大勇猛

심　　득불경구심　　득피금강갑주심　　득제
心하며 得不驚懼心하며 得被金剛甲胄心하며 得諸

보살최상심
菩薩最上心하나라

득성취불법보리광명심　　득보리수하
得成就佛法菩提光明心하며 得菩提樹下

좌　　안주일체제불정법　　이제미혹
坐하야 安住一切諸佛正法하야 離諸迷惑하고

마음을 얻으며, 나라연처럼 견고한 깃대 같은 마음을 얻어지이다.

중생바다와 같이 다할 수 없는 마음을 얻으며, 나라연장의 깨뜨릴 수 없는 마음을 얻으며, 모든 마군들의 업과 마군 무리들을 멸하는 마음을 얻으며, 두려울 것 없는 마음을 얻어지이다.

큰 위덕 있는 마음을 얻으며, 항상 정진하는 마음을 얻으며, 크게 용맹한 마음을 얻으며, 놀라거나 두려워하지 않는 마음을 얻으며, 금강의 갑옷과 투구를 입는 마음을 얻으며, 모든 보살들의 최상의 마음을 얻어지이다.

성일체지심　　　득성취십력심
成一切智心하며 得成就十力心이니라

시위보살마하살　　　보시심시　　　선근회향
是爲菩薩摩訶薩의 布施心時에 善根迴向이니

위령중생　　　불염세간　　　구족여래십력심
爲令衆生으로 不染世間하야 具足如來十力心

고
故니라

불자　보살마하살　약유걸구장신간폐　실
佛子야 菩薩摩訶薩이 若有乞求腸腎肝肺에 悉

개시여　　　여선시보살　　　항마자재왕보살
皆施與호대 如善施菩薩과 降魔自在王菩薩과

급여무량제대보살
及餘無量諸大菩薩하니라

부처님의 법을 성취하는 보리 광명의 마음을 얻으며, 보리수 아래에 앉아서 일체 모든 부처님의 바른 법에 편안히 머물러 모든 미혹을 여의고 일체 지혜를 이루는 마음을 얻으며, 십력을 성취하는 마음을 얻어지이다.'라고 한다.

이것이 보살마하살이 심장을 보시할 때에 선근으로 회향하는 것이니, 중생들로 하여금 세간에 물들지 않고 여래 십력의 마음을 구족하게 하기 위한 까닭이다.

불자들이여, 보살마하살이 만약 어떤 이가 창자와 콩팥과 간과 허파를 구걸하면 모두 다 보

행차시시　　견걸자래　　기심환희　　이애
行此施時에　見乞者來하고　其心歡喜하야　以愛

안관　　위구보리　　수기소수　　실개시
眼觀하며　爲求菩提하야　隨其所須하야　悉皆施

여　　심부중회　　관찰차신　　무유견고
與하고　心不中悔하며　觀察此身이　無有堅固하야

아응시피　　취견고신
我應施彼하야　取堅固身하니라

부념차신　　심즉패괴　　견자생염　　호랑
復念此身이　尋卽敗壞하야　見者生厭하고　狐狼

아구지소담식　　차신　무상　　회당기사
餓狗之所噉食이라　此身이　無常하야　會當棄捨하야

위타소식　　무소각지
爲他所食호대　無所覺知니라

불자　보살마하살　작시관시　지신무상
佛子야　菩薩摩訶薩이　作是觀時에　知身無常하야

시하기를, 선시 보살과 항마자재왕 보살과 그리고 다른 한량없는 모든 큰 보살들같이 한다.

이 보시를 행할 때에 구걸하는 자가 오는 것을 보고 그 마음이 환희하여 사랑하는 눈으로 관하며, 보리를 구하기 위하여 그 필요한 것을 따라서 모두 다 보시하되 마음이 중간에 후회하지 않는다. 이 몸은 견고하지 못함을 관찰하여 내가 응당 그들에게 보시하여 견고한 몸을 취하리라고 한다.

다시 생각하기를 '이 몸은 이윽고 곧 부서지고 무너져서 보는 자가 싫어하고, 여우나 이리나 굶주린 개가 먹을 것이다. 이 몸은 무상하

예오지극　　어법해오　　생대환희　　경심
穢汙之極이라 於法解悟하야 生大歡喜하고 敬心

체시피래걸자　　여선지식이래호상　　수
諦視彼來乞者호대 如善知識而來護想하며 隨

소걸구　　무불혜시　　이불견신　　역견고
所乞求하야 無不惠施하야 以不堅身으로 易堅固

신
身이니라

불자　보살마하살　여시시시　소유선근
佛子야 菩薩摩訶薩이 如是施時에 所有善根으로

실이회향
悉以迴向하나니라

원일체중생　득지장신　내외청정
願一切衆生이 得智藏身하야 內外淸淨하나니라

원일체중생　득복장신　능보임지일체지
願一切衆生이 得福藏身하야 能普任持一切智

여 모이면 마땅히 버려져서 저들에게 먹히는 바가 되어도 알지 못하리라.'고 한다.

불자들이여, 보살마하살이 이렇게 관할 때에 몸은 무상하여 더러움의 극치인줄 알고, 법을 깨달아 크게 환희하며, 저 와서 구걸하는 자를 공경하는 마음으로 자세히 보되 마치 선지식이 와서 구호하려는 듯이 생각하고, 구걸하는 바를 따라 베풀지 않음이 없어서 견고하지 못한 몸으로 견고한 몸과 바꾼다.

불자들이여, 보살마하살이 이와 같이 보시할 때에 있는 바 선근을 모두 회향한다.

일체 중생이 지혜장의 몸을 얻어 안과 밖이

원
願하니라

원일체중생　　득상묘신　　내온묘향　　　외
願一切衆生이 得上妙身하야 內蘊妙香하고 外

발광명
發光明하니라

원일체중생　　득복불현신　　　상하단직
願一切衆生이 得腹不現身하야 上下端直하야

지절상칭
肢節相稱하니라

원일체중생　　득지혜신　　이불법미　충열
願一切衆生이 得智慧身하야 以佛法味로 充悅

자장
滋長하니라

원일체중생　　득무진신　　수습안주심심법
願一切衆生이 得無盡身하야 修習安住甚深法

청정하기를 원한다.

일체 중생이 복장의 몸을 얻어 능히 일체지의 원을 널리 지니기를 원한다.

일체 중생이 가장 미묘한 몸을 얻어 안으로는 묘한 향이 쌓이고 밖으로는 광명을 발하기를 원한다.

일체 중생이 배가 드러나지 않는 몸을 얻어 위와 아래가 곧고 단정하여 팔다리가 서로 알맞기를 원한다.

일체 중생이 지혜의 몸을 얻어 불법의 맛으로써 만족하고 기쁘게 자라나기를 원한다.

일체 중생이 다함없는 몸을 얻어 깊고 깊은

성
性하니라

원일체중생　득다라니청정장신　　이묘변
願一切衆生이 **得陀羅尼清淨藏身**하야 **以妙辯**

재　현시제법
才로 **顯示諸法**하니라

원일체중생　득청정신　약신약심　내외
願一切衆生이 **得清淨身**하야 **若身若心**이 **內外**

구정
俱淨하니라

원일체중생　득여래지심관행신　지혜충
願一切衆生이 **得如來智深觀行身**하야 **智慧充**

만　우대법우
滿하야 **雨大法雨**하니라

원일체중생　득내적신　외위중생　작
願一切衆生이 **得內寂身**하야 **外爲衆生**하야 **作**

법의 성품에 편안히 머무르도록 닦고 익히기를 원한다.

일체 중생이 다라니 청정장의 몸을 얻어 미묘한 변재로 모든 법을 나타내 보이기를 원한다.

일체 중생이 청정한 몸을 얻어 몸과 마음이 안팎으로 모두 깨끗해지기를 원한다.

일체 중생이 여래의 지혜로 깊이 관하고 행하는 몸을 얻어 지혜가 충만하여 큰 법비를 내리기를 원한다.

일체 중생이 안으로 고요한 몸을 얻고 밖으로 중생들을 위하여 지혜 깃대 왕이 되어 큰 광명을 놓아 일체를 널리 비추기를 원한다.

지당왕　　방대광명　　보조일체
智幢王하고 **放大光明**하야 **普照一切**니라

시위보살마하살　　시장신간폐　　선근회
是爲菩薩摩訶薩의 **施腸腎肝肺**하야 **善根迴**

향　　위령중생　　내외청정　　개득안주무
向이니 **爲令衆生**으로 **內外淸淨**하야 **皆得安住無**

애지고
礙智故니라

불자　　보살마하살　　보시걸자지절제골
佛子야 **菩薩摩訶薩**이 **布施乞者肢節諸骨**호대

여법장보살　　광명왕보살　　급여무량제대
如法藏菩薩과 **光明王菩薩**과 **及餘無量諸大**

보살
菩薩하니라

이것이 보살마하살이 창자와 콩팥과 간과 폐를 보시하여 선근으로 회향하는 것이니, 중생들로 하여금 안과 밖이 청정하여 모두 걸림 없는 지혜에 편안히 머무름을 얻게 하기 위한 까닭이다.

불자들이여, 보살마하살이 구걸하는 자에게 팔다리와 모든 뼈를 보시하기를, 법장 보살과 광명왕 보살과 그리고 다른 한량없는 모든 큰 보살들같이 한다.

그 몸의 부분이나 팔다리의 뼈를 보시할 때에 구걸하는 자가 오는 것을 보면 사랑하는

시기신분지절골시　　견걸자래　　　생애락심
施其身分肢節骨時에　見乞者來하고　生愛樂心과

환희심　　정신심　　안락심　　용맹심　　자심
歡喜心과　淨信心과　安樂心과　勇猛心과　慈心과

무애심　　청정심　　수소걸구개시여심
無礙心과　淸淨心과　隨所乞求皆施與心하나라

보살마하살　　시신골시　　이제선근　　　여시
菩薩摩訶薩이　施身骨時에　以諸善根으로　如是

회향
迴向하나니라

소위원일체중생　　득여화신　　　불부갱수골
所謂願一切衆生이　得如化身하야　不復更受骨

육혈신　　원일체중생　　득금강신　　　불가
肉血身하며　願一切衆生이　得金剛身하야　不可

파괴　　무능승자
破壞하야　無能勝者하나라

마음과 환희한 마음과 청정하게 믿는 마음과 안락한 마음과 용맹한 마음과 자애로운 마음과 걸림 없는 마음과 청정한 마음과 구걸하는 바를 따라 모두 주는 마음을 낸다.

보살마하살이 몸과 뼈를 보시할 때에 모든 선근으로 이와 같이 회향한다.

이른바 일체 중생이 변화함과 같은 몸을 얻어 다시는 뼈와 살과 피로 된 몸을 받지 않기를 원하며, 일체 중생이 금강의 몸을 얻어 파괴할 수도 없고 능히 이길 자도 없기를 원한다.

일체 중생이 일체 지혜가 원만한 법신을 얻어 속박이 없고 집착이 없고 얽매임이 없는 세

원일체중생 득일체지원만법신 어무박
願一切衆生이 得一切智圓滿法身하야 於無縛

무착무계계생 원일체중생 득지력신
無著無繫界生하며 願一切衆生이 得智力身하야

제근원만 부단불괴
諸根圓滿하야 不斷不壞하나라

원일체중생 득법력신 지력자재 도
願一切衆生이 得法力身하야 智力自在하야 到

어피안 원일체중생 득견고신 기신
於彼岸하며 願一切衆生이 得堅固身하야 其身

정실 상무산괴
貞實하야 常無散壞하나라

원일체중생 득수응신 교화조복일체중
願一切衆生이 得隨應身하야 敎化調伏一切衆

생 원일체중생 득지훈신 구나라연
生하며 願一切衆生이 得智熏身하야 具那羅延

계에 나기를 원하며, 일체 중생이 지혜의 힘으로 된 몸을 얻어 모든 근이 원만하여 끊어지지 않고 무너지지 않기를 원한다.

일체 중생이 법력의 몸을 얻어 지혜의 힘이 자재하여 저 언덕에 이르기를 원하며, 일체 중생이 견고한 몸을 얻어 그 몸이 곧고 진실하여 항상 파괴되어 흩어짐이 없기를 원한다.

일체 중생이 따라 응하는 몸을 얻어 일체 중생을 교화하고 조복하기를 원하며, 일체 중생이 지혜로 훈습한 몸을 얻어 나라연처럼 팔다리에 큰 힘을 갖추기를 원한다.

일체 중생이 견고하고 서로 이어져 끊어지지

지절대력
肢節大力하니라

원일체중생   득견고상속부단절신   영리
願一切衆生이 得堅固相續不斷絶身하야 永離

일체피극로권   원일체중생   득대력안주
一切疲極勞倦하며 願一切衆生이 得大力安住

신   실능구족정진대력
身하야 悉能具足精進大力하니라

원일체중생   득변세간평등법신   주어무
願一切衆生이 得徧世間平等法身하야 住於無

량최상지처   원일체중생   득복덕력신
量最上智處하며 願一切衆生이 得福德力身하야

견자몽익   원리중악
見者蒙益하야 遠離衆惡하니라

원일체중생   득무의처신   개득구족무의
願一切衆生이 得無依處身하야 皆得具足無依

않는 몸을 얻어 일체 피곤하고 고달픔을 영원히 여의기를 원하며, 일체 중생이 큰 힘으로 편안히 머무르는 몸을 얻어 정진하는 큰 힘을 모두 능히 구족하기를 원한다.

일체 중생이 세간에 두루하는 평등한 법의 몸을 얻어 한량없고 가장 높은 지혜의 자리에 머무르기를 원하며, 일체 중생이 복덕의 힘으로 된 몸을 얻어서 보는 자는 이익을 받고 온갖 악을 멀리 여의기를 원한다.

일체 중생이 의지할 데 없는 몸을 얻어서 모두 의지하여 집착함이 없는 지혜를 구족하기를 원하며, 일체 중생이 부처님께서 거두어 주

착지　　원일체중생　　득불섭수신　　　상위
著智하며 願一切衆生이 得佛攝受身하야 常爲

일체제불가호
一切諸佛加護하니라

원일체중생　　득보요익제중생신　　　실능변
願一切衆生이 得普饒益諸衆生身하야 悉能徧

입일체제도　　　원일체중생　　득보현신
入一切諸道하며 願一切衆生이 得普現身하야

보능조현일체불법
普能照現一切佛法하니라

원일체중생　　득구족정진신　　　전념근수대
願一切衆生이 得具足精進身하야 專念勤修大

승지행　　원일체중생　　득리아만공고청정
乘智行하며 願一切衆生이 得離我慢貢高淸淨

신　　지상안주　　무소동란
身하야 智常安住하야 無所動亂하니라

시는 몸을 얻어서 항상 일체 모든 부처님의 가호해 주심이 되기를 원한다.

일체 중생이 모든 중생들을 널리 요익하게 하는 몸을 얻어서 다 능히 일체 모든 갈래에 두루 들어가기를 원하며, 일체 중생이 널리 나타나는 몸을 얻어서 널리 일체 불법을 능히 비추어 드러내기를 원한다.

일체 중생이 구족하게 정진하는 몸을 얻어서 오롯한 생각으로 대승의 지혜와 행을 부지런히 닦기를 원하며, 일체 중생이 아만이 공고함을 여읜 청정한 몸을 얻어서 지혜가 항상 편안히 머물러 동요함이 없기를 원한다.

원일체중생　　득견고행신　　　성취대승일체
願一切衆生이　得堅固行身하야　成就大乘一切

지업　　　원일체중생　　득불가신　　　영리세
智業하며　願一切衆生이　得佛家身하야　永離世

간일체생사
間一切生死니라

시위보살마하살　　시신골시　　　선근회향
是爲菩薩摩訶薩의　施身骨時에　善根迴向이니

위령중생　　　득일체지　　　영청정고
爲令衆生으로　得一切智하야　永淸淨故니라

불자　　보살마하살　　　견유인래　　　수집이
佛子야　菩薩摩訶薩이　見有人來하야　手執利

도　　　걸기신피　　　심생환희　　　제근열예
刀하고　乞其身皮에　心生歡喜하야　諸根悅豫호대

일체 중생이 견고한 행의 몸을 얻어 대승의 일체 지혜의 업을 성취하기를 원하며, 일체 중생이 부처님 가문의 몸을 얻어 세간의 일체 생사를 영원히 여의기를 원한다.

이것이 보살마하살이 몸과 뼈를 보시할 때에 선근으로 회향하는 것이니, 중생들로 하여금 일체지를 얻어서 길이 청정함을 얻게 하기 위한 까닭이다.

불자들이여, 보살마하살이 어떤 사람이 와서 손에 날카로운 칼을 잡고 그 몸의 피부를 구걸하는 것을 보고 마음이 환희하고 모든 근이

비여유인　　혜이중은　　봉영인납　　부좌
譬如有人이 惠以重恩하야 逢迎引納하야 敷座

영좌　　곡궁공경　　이작시념
令坐하고 曲躬恭敬하야 而作是念하니라

차래걸자　　심위난우　　사욕만아일체지원
此來乞者가 甚爲難遇니 斯欲滿我一切智願일새

고래구색　　요익어아　　환희화안　　이
故來求索하야 饒益於我라하야 歡喜和顔으로 而

어지언　　아금차신　　일체개사　　소수피
語之言호대 我今此身을 一切皆捨호리니 所須皮

자　　수의취용
者는 隨意取用하라하니라

유여왕석청정장보살　　금협록왕보살　　급
猶如往昔淸淨藏菩薩과 金脅鹿王菩薩과 及

여무량제대보살　　등무유이
餘無量諸大菩薩하야 等無有異하니라

기뻐하고 즐거워한다. 비유하면 어떤 사람이 무거운 은혜를 베풀어서 맞아들여 자리를 펴 앉게 하고 몸을 굽혀 공경하듯이 하며 이런 생각을 한다.

'이렇게 와서 구걸하는 자는 매우 만나기 어렵다. 이는 나의 일체 지혜와 원을 만족하게 하려고 일부러 와서 구하여 찾는 것이니 나에게 요익한 일이다.'라 하고, 환희롭고 온화한 얼굴로 말하되, '나는 지금 이 몸의 일체를 다 버릴 것이니 필요한 피부는 뜻 따라 취하여 쓰라.'고 한다.

마치 지난 옛적 청정장 보살과 금협록왕 보

보살 이시 이제선근 여시회향
菩薩이 爾時에 以諸善根으로 如是迴向하나니라

소위원일체중생 득미세피 유여여래
所謂願一切衆生이 得微細皮호대 猶如如來의

색상청정 견자무염
色相淸淨하야 見者無厭하니라

원일체중생 득불괴피 유여금강 무
願一切衆生이 得不壞皮호대 猶如金剛하야 無

능괴자
能壞者하니라

원일체중생 득금색피 여염부단상묘진
願一切衆生이 得金色皮하야 如閻浮檀上妙眞

금 청정명결
金의 淸淨明潔하니라

원일체중생 득무량색피 수기심락
願一切衆生이 得無量色皮하야 隨其心樂하야

살과 그리고 다른 한량없는 모든 큰 보살들과 같아서 다름이 없이 한다.

보살이 이때에 모든 선근으로 이와 같이 회향한다.

이른바 일체 중생이 미세한 피부를 얻어서 마치 여래의 색상이 청정하듯이 보는 자가 싫어함이 없기를 원한다.

일체 중생이 파괴할 수 없는 피부를 얻어서 마치 금강과 같아 능히 깨뜨릴 자가 없기를 원한다.

일체 중생이 금색 피부를 얻어서 마치 염부단의 가장 미묘한 진금과 같이 청정하고 밝고 깨끗하기를 원한다.

현 청 정 색
現清淨色하니라

원 일 체 중 생　　득 정 묘 색 피　　　구 족 사 문　　선
願一切衆生이　得淨妙色皮하야　具足沙門의　善

연 청 정　　여 래 색 상
頓清淨한　如來色相하니라

원 일 체 중 생　　득 제 일 색 피　　　자 성 청 정
願一切衆生이　得第一色皮하야　自性清淨하야

색 상 무 비
色相無比하니라

원 일 체 중 생　　성 취 여 래 청 정 색 피　　이 제 상
願一切衆生이　成就如來清淨色皮하야　以諸相

호　　이 자 장 엄
好로　而自莊嚴하니라

원 일 체 중 생　　득 묘 색 피　　방 대 광 명　　보
願一切衆生이　得妙色皮하야　放大光明하야　普

일체 중생이 한량없는 색의 피부를 얻어서 그 마음에 좋아하는 대로 청정한 색을 나타내기를 원한다.

일체 중생이 깨끗하고 미묘한 색의 피부를 얻어서 사문의 참으로 유연하고 청정함과 여래의 색상을 구족하기를 원한다.

일체 중생이 제일가는 색의 피부를 얻어서 제 성품이 청정하고 색상이 견줄 데 없기를 원한다.

일체 중생이 여래의 청정한 색의 피부를 성취하여 모든 상호로 스스로 장엄하기를 원한다.

조 일 체
照一切하니라

원 일 체 중 생　　득 명 망 피　　여 세 고 당　　방
願一切衆生이　得明網皮하야　如世高幢하야　放

불 가 설 원 만 광 명
不可說圓滿光明하니라

원 일 체 중 생　　득 윤 택 색 피　　일 체 색 상　　실
願一切衆生이　得潤澤色皮하야　一切色相이　悉

개 청 정
皆淸淨이니라

시 위 보 살 마 하 살　　시 신 피 시　　선 근 회 향
是爲菩薩摩訶薩의　施身皮時에　善根迴向이니

위 령 중 생　　개 득 일 체 엄 정 불 찰　　구 족 여
爲令衆生으로　皆得一切嚴淨佛刹하야　具足如

래 대 공 덕 고
來大功德故니라

일체 중생이 미묘한 색의 피부를 얻어서 큰 광명을 놓아 일체를 널리 비추기를 원한다.

일체 중생이 밝은 그물무늬의 피부를 얻어서 세상의 높은 깃대처럼 말할 수 없이 원만한 광명을 놓기를 원한다.

일체 중생이 윤택한 색의 피부를 얻어서 일체 색상이 모두 다 청정하기를 원한다.

이것이 보살마하살이 몸의 피부를 보시할 때에 선근으로 회향하는 것이니, 중생들로 하여금 모두 일체 깨끗하게 장엄된 부처님 세계를 얻어서 여래의 큰 공덕을 구족케 하기 위한 까닭이다.

불자　보살마하살　이수족지　시제걸자
佛子야 **菩薩摩訶薩**이 **以手足指**로 **施諸乞者**호대

여견정진보살　염부제자재왕보살　급여
如堅精進菩薩과 **閻浮提自在王菩薩**과 **及餘**

무량제대보살
無量諸大菩薩하나라

보살　이시　안모화열　기심안선　무
菩薩이 **爾時**에 **顔貌和悅**하며 **其心安善**하며 **無**

유전도　승어대승　불구미욕　불상명
有顚倒하며 **乘於大乘**하며 **不求美欲**하며 **不尙名**

문
聞하나라

단발보살광대지의　원리간질일체제구
但發菩薩廣大之意하며 **遠離慳嫉一切諸垢**하고

전향여래무상묘법
專向如來無上妙法이니라

불자들이여, 보살마하살이 손가락과 발가락을 모든 구걸하는 자들에게 보시하기를, 견정진 보살과 염부제자재왕 보살과 그리고 다른 한량없는 모든 큰 보살들같이 한다.

보살이 그때에 얼굴이 온화하고 기쁘며 그 마음이 편안하고 선하며 전도됨이 없이 대승을 타고 아름답고자 함을 구하지도 않으며 명예를 숭상하지도 않는다.

다만 보살의 광대한 뜻을 내어 간탐과 질투의 일체 모든 때를 멀리 여의고 오로지 여래의 위없는 묘한 법을 향한다.

불자들이여, 보살마하살이 이와 같이 보시

불자　보살마하살　여시시시　섭제선근
佛子야 菩薩摩訶薩이 如是施時에 攝諸善根하야

실이회향
悉以迴向하나니라

원일체중생　득섬장지　여불무이　원
願一切衆生이 得纖長指하야 與佛無異하며 願

일체중생　득충원지　상하상칭
一切衆生이 得傭圓指하야 上下相稱하니라

원일체중생　득적동갑지　기갑융기
願一切衆生이 得赤銅甲指하야 其甲隆起하야

청정감철　원일체중생　득일체지승장부
淸淨鑒徹하며 願一切衆生이 得一切智勝丈夫

지　실능섭지일체제법
指하야 悉能攝持一切諸法하니라

원일체중생　득수호지　구족십력　원
願一切衆生이 得隨好指하야 具足十力하며 願

할 때에 모든 선근을 거두어 다 회향한다.

일체 중생이 가늘고 긴 손가락을 얻어 부처님과 다름이 없기를 원하며, 일체 중생이 고르고 원만한 손가락을 얻어 위아래가 서로 알맞기를 원한다.

일체 중생이 붉은 구릿빛 손톱의 손가락을 얻어 손톱이 볼록하고 청정하여 거울처럼 투명하기를 원하며, 일체 중생이 일체 지혜로 수승한 장부의 손가락을 얻어 일체 모든 법을 다 능히 거두어 지니기를 원한다.

일체 중생이 잘 생긴 손가락을 얻어 십력을 구족하기를 원하며, 일체 중생이 대인의 손가락

일체중생 득대인지 섬충제등
一切衆生이 得大人指하야 纖傭齊等하니라

원일체중생 득윤상지 지절원만 문
願一切衆生이 得輪相指하야 指節圓滿하고 文

상우선 원일체중생 득여연화만자선
相右旋하며 願一切衆生이 得如蓮華卐字旋

지 십력업보 상호장엄
指하야 十力業報로 相好莊嚴하니라

원일체중생 득광장지 방대광명 조
願一切衆生이 得光藏指하야 放大光明하야 照

불가설제불세계 원일체중생 득선안포
不可說諸佛世界하며 願一切衆生이 得善安布

지 선교분포 망만구족
指하야 善巧分布하야 網縵具足이니라

시위보살마하살 보시지시 선근회향
是爲菩薩摩訶薩의 布施指時에 善根迴向이니

을 얻어 가늘고 고르고 가지런하기를 원한다.

일체 중생이 바퀴살 모양의 손가락을 얻어 손가락 마디가 원만하고 무늬 모양이 오른쪽으로 돌기를 원하며, 일체 중생이 연꽃 같은 만(卐)자 모양으로 손금이 도는 손가락을 얻어 십력의 업보로 상호가 장엄하기를 원한다.

일체 중생이 광명장의 손가락을 얻어 큰 광명을 놓아 말할 수 없는 모든 부처님 세계를 비추기를 원하며, 일체 중생이 잘 편하게 펴지는 손가락을 얻어 정교하게 분포된 비단 그물 무늬가 구족하기를 원한다.

이것이 보살마하살이 손가락을 보시할 때에

위령중생　　일체개득심청정고
爲令衆生으로 一切皆得心淸淨故니라

불자　보살마하살　청구법시　약유인언
佛子야 菩薩摩訶薩이 請求法時에 若有人言호대

여능시아연육조갑　　당여여법　　　　보
汝能施我連肉爪甲인댄 當與汝法이라하면　菩

살　답언　단여아법　연육조갑　수의취
薩이 答言호대 但與我法하고 連肉爪甲은 隨意取

용
用하라하나니라

여구법자재왕보살　무진보살　급여무량
如求法自在王菩薩과 無盡菩薩과 及餘無量

제대보살
諸大菩薩하니라

선근으로 회향하는 것이니, 중생들로 하여금 일체가 모두 청정한 마음을 얻게 하기 위한 까닭이다.

불자들이여, 보살마하살이 법을 청하여 구할 때에 만약 어떤 사람이 말하기를 '그대가 능히 살에 닿아 있는 손톱을 나에게 보시한다면 마땅히 그대에게 법을 주리라.'고 하면 보살이 대답하여 말하기를 '단지 나에게 법만 주고 살에 닿아 있는 손톱은 뜻 따라 취하여 쓰라.'고 한다.
마치 구법자재왕 보살과 무진 보살과 그리고 다른 한량없는 모든 큰 보살들같이 한다.

위구법고　　욕이정법　　　개시연설　　　요익
爲求法故_며 欲以正法_{으로} 開示演說_{하야} 饒益

중생　　　일체개령득만족고　　사연육조갑
衆生_{하야} 一切皆令得滿足故_로 捨連肉爪甲_{하야}

여제걸자
與諸乞者_{하니라}

보살　　이시　　이차선근　　　여시회향
菩薩_이 爾時_에 以此善根_{으로} 如是迴向_{하나니라}

소위원일체중생　　개득제불　　적동상조
所謂願一切衆生_이 皆得諸佛_의 赤銅相爪_{하며}

원일체중생　　득윤택조　　　수호장엄
願一切衆生_이 得潤澤爪_{하야} 隨好莊嚴_{하니라}

원일체중생　　득광정조　　　감철제일　　　원
願一切衆生_이 得光淨爪_{하야} 鑒徹第一_{하며} 願

일체중생　　득일체지조　　구대인상
一切衆生_이 得一切智爪_{하야} 具大人相_{하니라}

법을 구하기 위한 까닭이며, 바른 법을 열어 보이고 연설하여 중생들을 요익케 하여, 일체가 모두 만족함을 얻게 하려는 까닭으로 살에 닿아 있는 손톱을 보시하여 모든 구걸하는 자들에게 준다.

보살이 이때에 이 선근으로 이와 같이 회향한다.

이른바 일체 중생이 다 모든 부처님의 붉은 구릿빛 모양의 손톱을 얻기를 원하며, 일체 중생이 윤택한 손톱을 얻어 잘 생긴 모습으로 장엄하기를 원한다.

일체 중생이 빛나고 깨끗한 손톱을 얻어 거울처럼 투명한 것이 제일이기를 원하며, 일체

원 일 체 중 생　　득 무 비 조　　　어 제 세 간　　무 소
願一切衆生이　得無比爪하야　於諸世間에　無所

염 착
染著하니라

원 일 체 중 생　　득 묘 장 엄 조　　광 명 보 조 일 체
願一切衆生이　得妙莊嚴爪하야　光明普照一切

세 간
世間하니라

원 일 체 중 생　　득 불 괴 조　　청 정 무 결
願一切衆生이　得不壞爪하야　淸淨無缺하니라

원 일 체 중 생　　득 입 일 체 불 법 방 편 상 조　　광
願一切衆生이　得入一切佛法方便相爪하야　廣

대 지 혜　개 실 청 정
大智慧가　皆悉淸淨하니라

원 일 체 중 생　　득 선 생 조　　보 살 업 과　　무 불
願一切衆生이　得善生爪하야　菩薩業果가　無不

중생이 일체지의 손톱을 얻어 대인의 모습을 갖추기를 원한다.

일체 중생이 견줄 데 없는 손톱을 얻어 모든 세간에 물들고 집착함이 없기를 원한다.

일체 중생이 미묘하게 장엄한 손톱을 얻어 광명이 일체 세간을 널리 비추기를 원한다.

일체 중생이 깨뜨릴 수 없는 손톱을 얻어 청정하고 모자람이 없기를 원한다.

일체 중생이 일체 불법에 들어가는 방편 모양의 손톱을 얻어 광대한 지혜가 모두 다 청정하기를 원한다.

일체 중생이 선함으로 생긴 손톱을 얻어 보

정묘
淨妙하니라

원일체중생   득일체지대도사조   방무량
願一切衆生이 得一切智大導師爪하야 放無量

색묘광명장
色妙光明藏이니라

시위보살마하살   위구법고   시연육조갑
是爲菩薩摩訶薩의 爲求法故로 施連肉爪甲

시   선근회향   위령중생   구족제불일
時에 善根迴向이니 爲令衆生으로 具足諸佛一

체지조무애력고
切智爪無礙力故니라

불자   보살마하살   구불법장   공경존중
佛子야 菩薩摩訶薩이 求佛法藏에 恭敬尊重하야

살의 업과 과보가 청정하고 미묘하지 않음이
없기를 원한다.

일체 중생이 일체지를 가진 대도사의 손톱을
얻어 한량없는 색의 미묘한 광명장을 놓기를
원한다.

이것이 보살마하살이 법을 구하기 위한 까닭
으로 살에 닿아 있는 손톱을 보시할 때에 선
근으로 회향하는 것이니, 중생들로 하여금 모
든 부처님의 일체지의 손톱과 걸림 없는 힘을
구족케 하기 위한 까닭이다.

불자들이여, 보살마하살이 부처님의 법장을

생난득상　　유능설자　　내어지언　　약능
生難得想하나니 **有能說者**가 **來語之言**호대 **若能**

투신칠인화갱　　당시여법　　　보살　문
投身七仞火阬인댄 **當施汝法**이라하면 **菩薩**이 **聞**

이　환희용약　　작시사유
已에 **歡喜踊躍**하야 **作是思惟**하나라

아위법고　　상응구주아비옥등일체악취
我爲法故로 **尙應久住阿鼻獄等一切惡趣**하야

수무량고　　하황재입인간화갱　　즉득문
受無量苦어든 **何況纔入人閒火阬**하야 **卽得聞**

법
法가

기재　정법　심위이득　　불수지옥무량초
奇哉라 **正法**을 **甚爲易得**이라 **不受地獄無量楚**

독　　단입화갱　　즉변득문　　단위아설
毒하고 **但入火阬**에 **卽便得聞**이니 **但爲我說**하라

구함에 공경하고 존중하며 얻기 어렵다는 생각을 내니, 어떤 능히 설할 자가 와서 말하기를 '만약 일곱 길의 불구덩이에 능히 몸을 던진다면 마땅히 그대에게 법을 베풀어 주리라.'고 하면 보살이 듣고는 환희 용약하며 이렇게 사유한다.

'내가 법을 위하는 까닭으로 오히려 아비지옥 등 일체 나쁜 갈래에 오래 머무르면서 한량없는 고통을 받아야 하는데, 어찌 하물며 인간의 불구덩이에 잠깐 들어가서 곧 법을 들을 수 있는 일이겠는가?

기이하다. 바른 법을 매우 쉽게 얻게 되다니,

아 입 화 갱
我入火阬이라하니라

여구선법왕보살　금강사유보살　　위구법
如求善法王菩薩과 金剛思惟菩薩하야 爲求法

고　입화갱중
故로 入火阬中하니라

보살　이시　이차선근　　여시회향
菩薩이 爾時에 以此善根으로 如是迴向하나니라

소위원일체중생　주불소주일체지법　　영
所謂願一切衆生이 住佛所住一切智法하야 永

불퇴전무상보리
不退轉無上菩提하니라

원일체중생　이제험난　수불안락
願一切衆生이 離諸險難하고 受佛安樂하니라

원일체중생　득무외심　이제공포
願一切衆生이 得無畏心하야 離諸恐怖하니라

지옥의 한량없는 고초를 받지 않고 단지 불구덩이에 들어가면 곧 문득 들을 수 있으니 단지 나를 위하여 설하라, 내가 불구덩이에 들어가리라.' 고 한다.

구선법왕 보살과 금강사유 보살같이 법을 구하기 위한 까닭으로 불구덩이에 들어간다.

보살이 그때에 이 선근으로 이와 같이 회향한다.

이른바 일체 중생이 부처님께서 머무르시는 일체 지혜의 법에 머물러 위없는 보리에서 길이 퇴전하지 않기를 원한다.

일체 중생이 모든 험난함을 여의어 부처님의

원일체중생　　상락구법　　구족희락중법장
願一切衆生이　常樂求法하야　具足喜樂衆法莊

엄
嚴하나라

원일체중생　　이제악취　　멸제일체삼독치
願一切衆生이　離諸惡趣하야　滅除一切三毒熾

화
火하나라

원일체중생　　상득안락　　구족여래승묘락
願一切衆生이　常得安樂하야　具足如來勝妙樂

사
事하나라

원일체중생　　득보살심　　영리일체탐에치
願一切衆生이　得菩薩心하야　永離一切貪恚癡

화
火하나라

안락을 받기를 원한다.

일체 중생이 두려움 없는 마음을 얻어서 모든 공포를 여의기를 원한다.

일체 중생이 항상 즐거이 법을 구하여 기쁘고 즐겁게 온갖 법으로 장엄함을 구족하기를 원한다.

일체 중생이 모든 나쁜 갈래를 여의어 일체 삼독의 거센 불을 멸하여 없애기를 원한다.

일체 중생이 항상 안락함을 얻어서 여래의 가장 미묘하고 즐거운 일을 구족하기를 원한다.

일체 중생이 보살의 마음을 얻어서 일체 탐욕과 성냄과 어리석음의 불을 영원히 여의기

원일체중생   실득보살제삼매락   보견제
願一切衆生이 悉得菩薩諸三昧樂하야 普見諸

불   심대환희
佛하고 心大歡喜하니라

원일체중생   선설정법   어법구경   상
願一切衆生이 善說正法하야 於法究竟하야 常

무망실
無忘失하니라

원일체중생   구족보살신통묘락   구경안
願一切衆生이 具足菩薩神通妙樂하야 究竟安

주일체종지
住一切種智니라

시위보살마하살   위구정법   투화갱시
是爲菩薩摩訶薩의 爲求正法하야 投火阬時에

선근회향   위령중생   이장애업   개득
善根迴向이니 爲令衆生으로 離障礙業하고 皆得

를 원한다.

일체 중생이 모두 보살의 모든 삼매의 낙을 얻어서 널리 모든 부처님을 친견하고 마음이 크게 환희하기를 원한다.

일체 중생이 바른 법을 잘 말하며 법을 끝까지 항상 잊지 않기를 원하며, 일체 중생이 보살의 신통과 미묘한 낙을 구족하여 구경에 일체종지에 편안히 머무르기를 원한다.

이것이 보살마하살이 바른 법을 구하기 위하여 불구덩이에 던질 때에 선근으로 회향하는 것이니, 중생들로 하여금 장애되는 업을 떠나서 모두 지혜의 불을 구족케 하기 위한 까닭

구족지혜화고
具足智慧火故니라

불자 보살마하살 위구정법 분별연
佛子야 菩薩摩訶薩이 爲求正法하야 分別演

설 개보살도 시보리로 취무상지
說하며 開菩薩道하야 示菩提路하며 趣無上智하야

근수십력 광시일체지심 획무애지법
勤修十力하며 廣示一切智心하야 獲無礙智法하며

영중생청정 주보살경계 근수대지
令衆生淸淨하야 住菩薩境界하며 勤修大智하야

호불보리시 이신구수무량고뇌
護佛菩提時에 以身具受無量苦惱하니라

여구선법보살 용맹왕보살 급여무량제
如求善法菩薩과 勇猛王菩薩과 及餘無量諸

이다.

불자들이여, 보살마하살이 바른 법을 구하기 위하여 분별하여 연설하며, 보살의 도를 열고 보리의 길을 보이며, 위없는 지혜에 나아가며, 십력을 부지런히 닦으며, 일체지의 마음을 널리 보이어 걸림 없는 지혜의 법을 얻어서 중생들로 하여금 청정하여 보살의 경계에 머무르게 하며, 큰 지혜를 부지런히 닦아서 부처님의 보리를 보호할 때에 몸으로 한량없는 고뇌를 갖추어 받는다.

구선법 보살과 용맹왕 보살과 그리고 다른

대보살
大菩薩하니라

위구법고　수무량고　　내지섭취비방정법
爲求法故로　受無量苦하며　乃至攝取誹謗正法과

악업소부　마업소지　극대악인　　피소응
惡業所覆와　魔業所持인　極大惡人하야　彼所應

수일체고뇌　이구법고　실개위수
受一切苦惱를　以求法故로　悉皆爲受라하니라

이차선근　　여시회향
以此善根으로　如是迴向하나니라

소위원일체중생　　영리일체고뇌핍박　　성
所謂願一切衆生이　永離一切苦惱逼迫하고　成

취안락자재신통　　원일체중생　　영리제
就安樂自在神通하며　願一切衆生이　永離諸

고　　득일체락
苦하고　得一切樂하니라

한량없는 모든 큰 보살들같이 한다.

법을 구하기 위한 까닭으로 한량없는 고초를 받으며 내지 바른 법을 비방하고 악업에 덮이고 마군의 업에 붙들린 매우 악한 사람들을 거두어 주어 그들이 마땅히 받아야 할 일체 고뇌를, 법을 구하는 까닭으로 모두 다 받는다.

이 선근으로 이와 같이 회향한다.

이른바 일체 중생이 일체 고뇌의 핍박을 영원히 여의고 안락하며 자재한 신통을 성취하기를 원하며, 일체 중생이 모든 고통을 길이 여의고 일체 낙을 얻기를 원한다.

원일체중생 영멸고온 득조현신 항
願一切衆生이 永滅苦蘊하고 得照現身하야 恒

수안락 원일체중생 초출고옥 성취
受安樂하며 願一切衆生이 超出苦獄하야 成就

지행
智行하나라

원일체중생 견안은도 이제악취 원
願一切衆生이 見安隱道하야 離諸惡趣하며 願

일체중생 득법희락 영단중고
一切衆生이 得法喜樂하야 永斷衆苦하나라

원일체중생 영발중고 호상자애 무
願一切衆生이 永拔衆苦하고 互相慈愛하야 無

손해심 원일체중생 득제불락 이생
損害心하며 願一切衆生이 得諸佛樂하야 離生

사고
死苦하나라

일체 중생이 괴로움의 덩어리를 영원히 없애고 환히 나타내는 몸을 얻어서 항상 안락함 받기를 원하며, 일체 중생이 고통의 옥에서 벗어나 지혜의 행을 성취하기를 원한다.

일체 중생이 안온한 도를 보아서 모든 나쁜 갈래를 여의기를 원하며, 일체 중생이 법의 희락을 얻어서 온갖 고통을 영원히 끊기를 원한다.

일체 중생이 온갖 고통을 영원히 뽑아버리고 서로 자애하여 해치려는 마음이 없기를 원하며, 일체 중생이 모든 부처님의 즐거움을 얻어서 생사의 고통을 여의기를 원한다.

願一切衆生이 成就清淨無比安樂하야 一切苦

惱가 無能損害하며 願一切衆生이 得一切勝

樂하야 究竟具足佛無礙樂이니라

是爲菩薩摩訶薩의 爲求法故로 受衆苦時에 善

根迴向이니 爲欲救護一切衆生하야 令離險難하고

住一切智無所障礙解脫處故니라

佛子야 菩薩摩訶薩이 處於王位하야 求正法時에

일체 중생이 청정하여 견줄 데 없는 안락을 성취하여 일체 고뇌가 해칠 수 없기를 원하며, 일체 중생이 일체 수승한 낙을 얻어서 구경에 부처님의 걸림 없는 낙을 구족하기를 원한다.

이것이 보살마하살이 법을 구하기 위한 까닭으로 온갖 고통을 받을 때에 선근으로 회향하는 것이니, 일체 중생을 구호하여 험난함을 여의고 일체 지혜로 장애 없이 해탈하는 곳에 머무르게 하기 위한 까닭이다.

불자들이여, 보살마하살이 국왕의 지위에 있

내지단위일문일자　일구일의　　생난득
乃至但爲一文一字와 一句一義하야도 生難得

상
想하니라

능실경사해내소유　약근약원　국토성읍
能悉罄捨海內所有인 若近若遠에 國土城邑과

인민고장　원지옥택　수림화과　내지일
人民庫藏과 園池屋宅과 樹林華果하며 乃至一

체진기묘물　궁전누각　처자권속　급이왕
切珍奇妙物과 宮殿樓閣과 妻子眷屬과 及以王

위　실능사지　어불견중　구견고법　위
位를 悉能捨之하고 於不堅中에 求堅固法하야 爲

욕이익일체중생　　근구제불무애해탈　구
欲利益一切衆生하야 勤求諸佛無礙解脫의 究

경청정　일체지도
竟清淨한 一切智道하니라

으면서 바른 법을 구할 때에 내지 다만 한 문장 한 글자나 한 구절 한 뜻만을 위해서도 얻기 어렵다는 생각을 낸다.

바다 안에 있는 바, 가깝거나 멀거나 국토와 성읍과 백성들과 창고와 동산과 못과 가옥과 숲과 꽃과 과일을 능히 모두 버리며, 내지 일체 진귀하고 기묘한 물건과 궁전과 누각과 처자 권속과 그리고 왕위도 모두 능히 버리고 견고하지 못한 가운데서 견고한 법을 구하며, 일체 중생을 이익하게 하기 위하여 모든 부처님의 걸림 없는 해탈의 끝까지 청정한 일체지의 도를 부지런히 구한다.

여대세덕보살 승덕왕보살 급여무량제
如大勢德菩薩과 勝德王菩薩과 及餘無量諸

대보살
大菩薩하니라

근구정법 내지극소위어일자 오체투
勤求正法호대 乃至極少爲於一字하야도 五體投

지 정념삼세일체불법 애락수습 영
地하야 正念三世一切佛法하며 愛樂修習하야 永

불탐착명문이양
不貪著名聞利養하니라

사제세간자재왕위 구불자재법왕지위
捨諸世間自在王位하고 求佛自在法王之位하며

어세간락 심무소착 이출세법 장양
於世間樂에 心無所著하고 以出世法으로 長養

기심 영리세간일체희론 주어제불무
其心하며 永離世間一切戲論하고 住於諸佛無

마치 대세덕 보살과 승덕왕 보살과 그리고 다른 한량없는 모든 보살들같이 한다.

바른 법을 부지런히 구하며 내지 지극히 적은 한 글자를 위하여서도 오체를 땅에 엎드리고 삼세의 일체 부처님 법을 바르게 생각하여 사랑하고 즐기고 닦아 익히며 길이 명예와 이양을 탐착하지 아니한다.

모든 세간의 자재한 왕의 지위를 버리고 부처님의 자재하신 법왕의 지위를 구하며, 세간의 즐거움에 마음이 집착하는 바가 없고 출세간법으로 그 마음을 기르며, 세간의 일체 희론을 영원히 떠나고 모든 부처님의 희론 없는

희론법
戲論法이니라

보살　이시　이제선근　　여시회향
菩薩이 **爾時**에 **以諸善根**으로 **如是迴向**하나니라

소위원일체중생　상락혜시　　일체실사
所謂願一切眾生이 **常樂惠施**하야 **一切悉捨**하나라

원일체중생　능사소유　　심무중회
願一切眾生이 **能捨所有**호대 **心無中悔**하나라

원일체중생　상구정법　　불석신명자생지
願一切眾生이 **常求正法**하야 **不惜身命資生之**

구
具하나라

원일체중생　실득법리　　능단일체중생의
願一切眾生이 **悉得法利**하야 **能斷一切眾生疑**

혹
惑하나라

법에 머무른다.

보살이 이때에 모든 선근으로 이와 같이 회향한다.

이른바 일체 중생이 항상 보시하기를 즐겨하고 일체를 모두 버리기를 원한다.

일체 중생이 가진 것을 능히 버리되 마음이 중간에 후회함이 없기를 원한다.

일체 중생이 바른 법을 항상 구하고, 몸과 목숨과 살림 도구를 아끼지 않기를 원한다.

일체 중생이 모두 법의 이익을 얻어서 일체 중생의 의혹을 능히 끊기를 원한다.

원일체중생　　 득선법욕　　 심상희락제불정
願一切衆生이 得善法欲하야 心常喜樂諸佛正

법
法하니라

원일체중생　　 위구불법　　 능사신명　 급이
願一切衆生이 爲求佛法하야 能捨身命과 及以

왕위　　 대심수습무상보리
王位하고 大心修習無上菩提하니라

원일체중생　　 존중정법　　 상심애락　　 불
願一切衆生이 尊重正法하야 常深愛樂하야 不

석신명
惜身命하니라

원일체중생　　 호지제불심난득법　　 상근수
願一切衆生이 護持諸佛甚難得法하야 常勤修

습
習하니라

일체 중생이 선한 법에 대한 욕망을 얻어서 마음이 항상 모든 부처님의 바른 법을 즐겨하기를 원한다.

일체 중생이 부처님 법을 구하기 위하여 몸과 목숨과 왕의 지위까지 능히 버리고 큰 마음으로 위없는 보리를 닦기를 원한다.

일체 중생이 바른 법을 존중하여 항상 깊이 좋아하고 몸과 목숨을 아끼지 말기를 원한다.

일체 중생이 모든 부처님의 매우 얻기 어려운 법을 보호해 지니며 항상 부지런히 닦아 익히기를 원한다.

원일체중생　　개득제불보리광명　　성보리
願一切衆生이　皆得諸佛菩提光明하야　成菩提

행　　불유타오
行호대　不由他悟하니라

원일체중생　　상능관찰일체불법　　발제
願一切衆生이　常能觀察一切佛法하야　拔除

의전　　심득안은
疑箭하야　心得安隱이니라

시위보살마하살　　위구정법　　사국성시
是爲菩薩摩訶薩의　爲求正法하야　捨國城時에

선근회향　　위령중생　　지견원만　　상득
善根迴向이니　爲令衆生으로　知見圓滿하야　常得

주어안은도고
住於安隱道故니라

일체 중생이 다 모든 부처님의 보리 광명을 얻어서 보리행을 이루되 다른 이를 말미암아 깨닫지 않기를 원한다.

일체 중생이 항상 능히 일체 불법을 관찰하여 의심의 화살을 뽑아 없애고 마음이 안온함을 얻기를 원한다.

이것이 보살마하살이 바른 법을 구하기 위하여 국토와 성곽을 버릴 때에 선근으로 회향하는 것이니, 중생들로 하여금 알고 보는 것이 원만하여 안온한 도에 항상 머무름을 얻게 하기 위한 까닭이다.

불자　　보살마하살　　작대국왕　　어법자
佛子야 菩薩摩訶薩이 作大國王하야 於法自

재　　보행교명　　영제살업
在하야 普行敎命하야 令除殺業하나라

염부제내성읍취락　　일체도살　　개령금단
閻浮提內城邑聚落에 一切屠殺을 皆令禁斷하고

무족이족　　사족다족　　종종생류　　보시무
無足二足과 四足多足의 種種生類에 普施無

외　　무기탈심
畏하야 無欺奪心하나라

광수일체보살제행　　인자리물　　불행침
廣修一切菩薩諸行하며 仁慈莅物하야 不行侵

뇌　　발묘보심　　안은중생　　어제불소
惱하고 發妙寶心하야 安隱衆生하며 於諸佛所에

입심지락　　상자안주삼종정계　　역령중
立深志樂하야 常自安住三種淨戒하고 亦令衆

불자들이여, 보살마하살이 큰 나라의 왕이 되어 법에 자재하며 널리 명령을 내리어 살생하는 일을 없애게 한다.

염부제 안의 성읍과 마을에서 일체 도살을 모두 금하여 끊게 하고, 발 없거나 두 발이거나 네 발이거나 여러 발의 갖가지 살아있는 무리들에게 널리 두려움이 없음을 보시하고 속여서 빼앗는 마음이 없다.

일체 보살의 모든 행을 널리 닦아 인자하게 만물을 대하고 침범하여 괴롭히지 아니하며, 미묘한 보배로운 마음을 내어 중생들을 안온하게 하며, 모든 부처님 처소에서 깊이 즐거운

생 여시안주
生으로 如是安住니라

보살마하살 영제중생 주어오계 영
菩薩摩訶薩이 令諸衆生으로 住於五戒하야 永

단살업 이차선근 여시회향
斷殺業하고 以此善根으로 如是迴向하나니라

소위원일체중생 발보살심 구족지혜
所謂願一切衆生이 發菩薩心하야 具足智慧하고

영보수명 무유종진
永保壽命하야 無有終盡하나라

원일체중생 주무량겁 공일체불 공
願一切衆生이 住無量劫하야 供一切佛호대 恭

경근수 갱증수명
敬勤修하고 更增壽命하나라

원일체중생 구족수행이노사법 일체재
願一切衆生이 具足修行離老死法하야 一切災

뜻을 세우고 항상 스스로 세 가지 청정한 계에 편안히 머무르며, 또한 중생들로 하여금 이와 같이 편안히 머무르게 한다.

보살마하살이 모든 중생들로 하여금 오계에 머물러 살생의 업을 영원히 끊게 한다.

이 선근으로 이와 같이 회향한다.

이른바 일체 중생이 보살심을 내어 지혜를 구족하고 수명을 길이 보전하여 끝내 다함이 없기를 원한다.

일체 중생이 한량없는 겁에 머물러 일체 부처님께 공양올리되 공경하고 부지런히 닦아 수명을 더욱 증장하기를 원한다.

독　　불해기명
毒이 不害其命하나라

원일체중생　구족성취무병뇌신　수명자
願一切衆生이 具足成就無病惱身하야 壽命自

재　　능수의주
在하야 能隨意住하나라

원일체중생　득무진명　궁미래겁　주
願一切衆生이 得無盡命하야 窮未來劫토록 住

보살행　교화조복일체중생
菩薩行하야 敎化調伏一切衆生하나라

원일체중생　위수명문　십력선근　어중
願一切衆生이 爲壽命門하야 十力善根이 於中

증장
增長하나라

원일체중생　선근구족　득무진명　성
願一切衆生이 善根具足하야 得無盡命하야 成

　일체 중생이 늙고 죽음을 떠나는 법을 구족하게 수행하여 일체 재앙의 독이 그 목숨을 해치지 않기를 원한다.

　일체 중생이 병의 괴로움이 없는 몸을 구족하게 성취하고 수명이 자재하여 능히 뜻 따라 머무르기를 원한다.

　일체 중생이 다함없는 목숨을 얻어 미래 겁이 다하도록 보살행에 머물러 일체 중생을 교화하고 조복하기를 원한다.

　일체 중생이 오래 사는 문이 되어 십력의 선근이 그 가운데서 증장하기를 원한다.

　일체 중생이 선근이 구족하고 다함없는 목

만 대 원
滿大願하니라

원 일 체 중 생 　 실 견 제 불 　 공 양 승 사 　 　 주
願一切衆生이 悉見諸佛하야 供養承事하고 住

무 진 수 　 수 집 선 근
無盡壽하야 修集善根하니라

원 일 체 중 생 　 어 여 래 처 　 선 학 소 학 　 　 득 성
願一切衆生이 於如來處에 善學所學하야 得聖

법 희 　 무 진 수 명
法喜하야 無盡壽命하니라

원 일 체 중 생 　 득 불 로 불 병 상 주 명 근 　 용 맹
願一切衆生이 得不老不病常住命根하야 勇猛

정 진 　 입 불 지 혜
精進하야 入佛智慧니라

시 위 보 살 마 하 살 　 주 삼 취 정 계 　 　 영 단 살 업
是爲菩薩摩訶薩의 住三聚淨戒하야 永斷殺業

숨을 얻어 대원을 원만히 이루기를 원한다.

일체 중생이 다 모든 부처님을 친견하여 공양올리고 받들어 섬기며, 다함없는 수명을 살면서 선근을 닦아 모으기를 원한다.

일체 중생이 여래의 처소에서 배울 것을 잘 배우면서 거룩한 법의 기쁨과 다함없는 수명을 얻기를 원한다.

일체 중생이 늙지도 않고 병들지도 않으면서 항상 명근에 머물러 용맹하게 정진하여 부처님의 지혜에 들어가기를 원한다.

이것이 보살마하살이 삼취정계에 머물러서 살생하는 업을 영원히 끊고 선근으로 회향하

선근회향　위령중생　득불십력원만지
善根迴向이니 爲令衆生으로 得佛十力圓滿智

고
故니라

불자　보살마하살　견유중생　심회잔인
佛子야 菩薩摩訶薩이 見有衆生이 心懷殘忍하야

손제인축　소유남형　영신결감　수제
損諸人畜의 所有男形하야 令身缺減하야 受諸

초독　견시사이　기대자비　이애구지
楚毒하고 見是事已에 起大慈悲하야 而哀救之하야

영염부제일체인민　개사차업
令閻浮提一切人民으로 皆捨此業이니라

보살　이시　어기인언　여하소위　작시
菩薩이 爾時에 語其人言호대 汝何所爲로 作是

는 것이니, 중생들로 하여금 부처님의 십력과 원만한 지혜를 얻게 하기 위한 까닭이다.

불자들이여, 보살마하살이 어떤 중생이 마음에 잔인함을 품어 모든 사람들이나 축생들에게 있는 바 남자의 형체를 훼손하여 불구의 몸을 만들어 모든 독한 고초를 받게 함을 보고, 이 일을 보고서는 대자비를 일으켜 불쌍히 여겨 그를 구원하되, 염부제의 일체 사람들로 하여금 이런 업을 다 버리게 한다.

보살이 그때에 그 사람에게 말하기를 '그대는 어찌하여 이런 악업을 짓는가? 내가 창고

악업　아유고장백천만억　　일체락구　실
惡業고 我有庫藏百千萬億하야 一切樂具가 悉

개충만　　수여소수　　진당상급
皆充滿하니 隨汝所須하야 盡當相給호리라

여지소작　중죄유생　　아금권여　　　막작
汝之所作은 衆罪由生이라 我今勸汝하노니 莫作

시사　　　여소작업　　불여도리　설유소획
是事하라 汝所作業은 不如道理니 設有所獲인들

어하가용
於何可用가

손타익기　종무시처　　여차악행　제불선
損他益己가 終無是處니 如此惡行의 諸不善

법　일체여래　소불칭탄
法은 一切如來의 所不稱歎이니라

작시어이　즉이소유일체락구　진개시
作是語已하고 卽以所有一切樂具로 盡皆施

에 백천만억 일체 즐길거리가 모두 다 충만하여, 그대가 필요로 하는 것을 따라서 모두 마땅히 다 줄 것이다.

그대가 하는 것은 온갖 죄 내게 하는 원인이다. 내가 이제 그대에게 권하노니 그런 일을 하지 말라. 그대가 짓는 업은 도리에 맞지 않으니, 설사 얻을 바가 있더라도 무엇에 쓸 수 있겠는가.

다른 이를 해쳐서 자기를 이익하게 하는 것은 마침내 옳은 도리가 아니며, 이와 같은 악행과 모든 선하지 않은 법은 일체 여래께서 칭찬하시지 않는 것이다.' 라고 한다.

이렇게 말하고는 곧 소유한 일체 즐길거리를

여
與하니라

부이선어　위설묘법　　영기환열　　소위
復以善語로 爲說妙法하야 令其歡悅호대 所謂

시적정법　　영기신수　　멸제불선　　수행
示寂靜法하야 令其信受하며 滅除不善하고 修行

정업　　호기자심　　　불상손해ㄴ 피인이 문
淨業하며 互起慈心하야 不相損害니 彼人이 聞

이　영사죄악
已에 永捨罪惡이니라

보살이 이시에 이차선근으로 여시회향
菩薩이 爾時에 以此善根으로 如是迴向하나니라

소위원일체중생이 구장부형　　성취여래마
所謂願一切衆生이 具丈夫形하야 成就如來馬

음장상하며 원일체중생이 구남자형하야 발용
陰藏相하며 願一切衆生이 具男子形하야 發勇

모두 다 베풀어 준다.

다시 좋은 말로 미묘한 법을 설하여 그를 기쁘고 즐겁게 한다. 이른바 적정한 법을 보여 그로 하여금 믿어 받게 하며, 착하지 못한 것을 멸하여 없애고 청정한 업을 닦아 행하게 하며, 서로 인자한 마음을 일으켜 서로 해치지 않게 하니, 그 사람이 듣고는 영원히 죄악을 버린다.

보살이 그때에 이 선근으로 이와 같이 회향한다.

이른바 일체 중생이 장부의 형체를 갖추되, 여래의 마음장상을 성취하기를 원하며, 일체

맹심　　수제범행
猛心하야 修諸梵行하나라

원일체중생　구용맹력　　항위주도　　　주
願一切衆生이 具勇猛力하야 恒爲主導하야 住

무애지　　영불퇴전　　원일체중생　개득
無礙智하야 永不退轉하며 願一切衆生이 皆得

구족대장부신　　영리욕심　　무유염착
具足大丈夫身하야 永離欲心하야 無有染著하나라

원일체중생　실득성취선남자법　　지혜증
願一切衆生이 悉得成就善男子法하야 智慧增

장　　제불소탄　　원일체중생　보득구어
長하야 諸佛所歎이며 願一切衆生이 普得具於

대인지력　　상능수습십력선근
大人之力하야 常能修習十力善根하나라

원일체중생　영불실괴남자지형　　상수복
願一切衆生이 永不失壞男子之形하야 常修福

중생이 남자의 형체를 갖추고 용맹한 마음을 내어 모든 범행을 닦기를 원한다.

일체 중생이 용맹한 힘을 갖추고 항상 주도 자가 되어 걸림 없는 지혜에 머물러 길이 퇴전 하지 않기를 원하며, 일체 중생이 모두 구족한 대장부의 몸을 얻고 길이 욕심을 여의어 물들 지 않기를 원한다.

일체 중생이 모두 선남자를 성취하는 법을 얻어서 지혜가 증장하여 모든 부처님께서 칭 찬하시는 바이기를 원하며, 일체 중생이 널리 대인의 힘을 갖추고 항상 능히 십력의 선근을 닦아 익히기를 원한다.

지미증유법　　원일체중생　　어오욕중　　무
智未曾有法하며 **願一切衆生**이 **於五欲中**에 **無**

착무박　　심득해탈　　염리삼유　　주보살
著無縛하야 **心得解脫**하야 **厭離三有**하고 **住菩薩**

행
行하나라

원일체중생　　성취제일지혜장부　　일체종
願一切衆生이 **成就第一智慧丈夫**하야 **一切宗**

신　　복종기화　　원일체중생　　구족보살
信하야 **伏從其化**하며 **願一切衆生**이 **具足菩薩**

장부지혜　　불구당성무상대웅
丈夫智慧하야 **不久當成無上大雄**이니라

시위보살마하살　　금절일체훼패남형　　선
是爲菩薩摩訶薩의 **禁絶一切毁敗男形**하야 **善**

근회향　　위령중생　　구장부형　　개능수
根迴向이니 **爲令衆生**으로 **具丈夫形**하야 **皆能守**

일체 중생이 남자의 형상을 영원히 잃지 말고 항상 복덕과 지혜의 미증유한 법을 닦기를 원하며, 일체 중생이 오욕 가운데 집착함도 없고 속박됨도 없어서 마음이 해탈을 얻고 삼유를 싫어하여 여의고 보살의 행에 머무르기를 원한다.

일체 중생이 제일의 지혜 있는 장부를 성취하여 일체가 우러러 믿으며 그 교화에 복종하기를 원하며, 일체 중생이 보살 장부의 지혜를 구족하여 오래지 않아 마땅히 위없는 큰 영웅이 되기를 원한다.

이것이 보살마하살이 일체 남자 형체를 훼손

호제선장부　　생현성가　　지혜구족　　상
護諸善丈夫하며 **生賢聖家**하야 **智慧具足**하야 **常**

근수습장부승행　　유장부용　　교능현시
勤修習丈夫勝行하며 **有丈夫用**하야 **巧能顯示**

칠장부도
七丈夫道하니라

구족제불선장부종　　장부정교　　장부용맹
具足諸佛善丈夫種하며 **丈夫正敎**와 **丈夫勇猛**과

장부정진　　장부지혜　　장부청정　　보령중
丈夫精進과 **丈夫智慧**와 **丈夫淸淨**을 **普令衆**

생　　구경개득
生으로 **究竟皆得**이니라

〈大方廣佛華嚴經 卷第二十七〉

함을 금하여 끊어서 선근으로 회향하는 것이다. 중생들로 하여금 장부의 형상을 갖추게 하여 모두 능히 모든 선한 장부를 수호하며, 성현의 가문에 태어나 지혜가 구족하고 항상 부지런히 장부의 수승한 행을 닦아서 장부의 작용이 있어서 일곱 가지 장부의 도를 교묘하게 능히 나타내 보인다.

모든 부처님의 선한 장부의 종성을 구족하며, 장부의 바른 가르침과 장부의 용맹과 장부의 정진과 장부의 지혜와 장부의 청정을 널리 중생들로 하여금 끝까지 다 얻게 한다."

大方廣佛華嚴經

부록

•

대방광불화엄경 목차

•

간행사

대방광불화엄경
목차

간 행 사

　귀의삼보 하옵고,

　『대방광불화엄경』의 수지 독송과 유통을 발원하면서 수미정사 불전연구원에서 『독송본 한문·한글역 대방광불화엄경』과 『사경본 한글역 대방광불화엄경』을 편찬하여 간행하게 되었습니다.

　『화엄경』은 우리나라에 전래된 이래 일찍부터 사경되고 주석·강설되어 왔으며 근현대에 이르러서는 『화엄경』의 한글 번역과 연구도 부쩍 많이 이루어졌습니다. 그만큼 『화엄경』이 우리 불자님들의 신행과 해탈에 큰 의지처가 되었던 것임을 알 수 있습니다.

　『화엄경』을 독송하고 사경하는 공덕은 설법 공덕과 함께 크게 강조되어 왔습니다. 그리하여 수미정사 불전연구원에서도 『화엄경』(80권)을 독송하고 사경하는 데 도움이 되도록 한문 원문과 한글역을 함께 수록한 독송본과 한글역의 사경본 『화엄경』 간행불사를 발원하였습니다. 이 『화엄경』 간행불사에 뜻을 같이하여 적극 후원해주신 스님들과 재가 불자님들께 깊이 감사드립니다. 또한 『화엄경』을 수지 독송할 수 있도록 경책의 모습으로 장엄해 주신 편집위원들과 담앤북스 출판사 관계자들께도 고마움을 표합니다.

　끝으로 이 불사의 원만 회향으로 『화엄경』이 널리 유통되고, 온 법계에 부처님의 가피가 충만하시길 기원드립니다.

　나무 대방광불화엄경

불기 2564년 '부처님오신날'을 봉축하며
수미해주 합장

위태천신(동진보살)

수미해주 須彌海住

동국대학교 명예교수
중앙승가대학교 법인이사
대한불교조계종 수미정사 주지

독송본 한문·한글역
대방광불화엄경 제27권

| **초판 1쇄 발행**_ 2022년 8월 24일

| **엮은이**_ 수미해주
| **엮은곳**_ 수미정사 불전연구원
| **편집위원**_ 해주 수정 경진 선초 정천 석도 박보람 최원섭
| **편집보**_ 무이 무신 지욱 혜명

| **펴낸이**_ 오세룡
| **펴낸곳**_ 담앤북스
　　　　　서울특별시 종로구 새문안로3길 23 경희궁의 아침 4단지 805호
　　　　　대표전화 02)765-1251 전자우편 damnbooks@hanmail.net
　　　　　출판등록 제300-2011-115호
| **ISBN**_ 979-11-6201-174-4 04220